MANUEL DE TRICOT

COURS ÉLÉMENTAIRE

Petits Manuels de la Maîtresse de Maison

MADEMOISELLE M. BAILLAUD
MANUELS DE TRICOT

Manuel de Tricot. Cours élémentaire contenant 64 descriptions et illustré de 56 reproductions d'ouvrages.
Manuel de Tricot. Cours supérieur contenant 72 descriptions et illustré de 52 reproductions d'ouvrages.
140 Modèles de Tricot avec descriptions (3ᵉ édition).

Chaque Partie forme un volume séparé, du Prix de : Broché, 1 fr. 50 ; Cartonné : 2 fr.

MADAME SEIGNOBOS
COMMENT ON FORME UNE CUISINIÈRE
OUVRAGE COMPLET

1ʳᵉ PARTIE
Les Viandes de Boucherie.

Conseils préliminaires, comment faire son feu, le fourneau au charbon, la cuisine au gaz, comment on devient rôtisseur. **Le Bœuf** : Pot-au-feu, bœuf rôti, grillé, braisé, à l'étuvée, à la mode. Le bœuf en gelée, en galantine, salé, avec garnitures, abats. **Le Mouton** : Le pré-salé, le gigot, la selle, le filet, les côtelettes, épaule braisée, farcie, ragoût, l'agneau et le chevreau. **Le Veau** : Choix et préparation, le veau rôti, mariné, en ragoût, abats, veau en gelée. **Le Porc frais** : Filet, côtelettes, saucisses, boudin, abats, salaisons.

3ᵉ PARTIE
Les Potages, les Pâtes, les Œufs, les Légumes, les Poissons.

Potages : Potages gras, Potages aux légumes frais, Potages aux légumes secs, Potages au lait, Potages aux poissons et aux crustacés, Potages au gibier. **Pâtes** : Pâtes d'Italie, gnocci. **Des Œufs** : Œufs frits, Œufs brouillés, Œufs farcis, Omelettes. **Les Légumes** : Pommes de terre, Carottes, Crosnes, Choux, Chou-fleur, Haricots verts, Pois, Fèves, Epinards, Artichauts, Tomates, Concombres, Champignons. **Les Poissons** : Poissons de mer, Poissons d'eau douce, Crustacés, Coquillages et Mollusques.

2ᵉ PARTIE
Les Volailles.

Volailles : Poulet, restes de volaille cuite, préparation froide des restes, Dindes, restes de dinde, apprêts chauds, apprêts froids, Oie, Canard, Pigeons, Pigeons ramiers, Paons et Panneaux, Pintades. **Gibier à plumes** : Faisans, remarques, préparations froides, Coq de bruyère, Perdrix, Cailles. **Gibier à Bec fin** : Echassiers, Râle vert, Vanneau, Gibier d'eau. **Gibier à poil** : Marinade, Sanglier, Chevreuil, Lièvre, Lapin. **Salaison de Porc** : Boudin, Jambon, Jambonneau, etc. **Les Sauces, les jus** : Sauces composées. Sauces dérivant de velouté, sauces à base de béchamel, etc.

4ᵉ PARTIE
Les Conserves, les Sirops, les Entremets sucrés, les Pâtisseries, les Confitures.

Les Conserves : Conserves de cerises, Fraises, Abricots, Pruneaux, Figues, Poires, Raisins, Oseille, Petits pois, Haricots, Chicorée, Artichauts, Asperges, etc. **Les Sirops** : Boissons froides. Boissons chaudes. **Entremets sucrés** : Soufflés, Crèmes, Œufs à la neige, Piroski, Mousses, Gâteaux de riz, Plum-pudding, Timbales, Flan. **La Pâtisserie** : Galettes, Brioches, Madeleines, Cakes, Eclairs, Macarons, Tartes, Gâteaux, Biscuits, Gaufrettes, Meringues. **Les Confitures** : Gelées, Marmelades, Raisinés.

Chaque Partie forme un volume séparé, du Prix de : Broché, 1 fr. 50 ; Cartonné : 2 fr.

COURS DE COUPE DE "LA MODE PRATIQUE"

1ʳᵉ PARTIE
Pour faire soi-même ses Robes, ses Manteaux.

Corsages — Tracé du patron de corsage et fond de Jupe — Jupe — Robe de chambre et Redingote de voyage.

3ᵉ PARTIE
Comment habiller nos Bébés.

Chemises d'enfants. — Brassières. — Guimpes. — Bandes. — Ceintures. — Culottes. — Robes. — Manteaux. — Bavettes. — Bonnets.

2ᵉ PARTIE
Comment habiller nos petites Filles et nos petits Garçons.

Coupe pour fillettes de différents âges. — Manteaux d'enfants. — Coupe pour petits garçons. — Costume maison, etc.

4ᵉ PARTIE
Pour faire soi-même les Trousseaux d'Homme.

Devants de chemises d'hommes. — Manchettes et fausses manchettes. — Gilets de flanelle. — Caleçons.

Chaque volume forme un volume séparé, du Prix de : Broché, 1 fr. 50 ; Cartonné, 2 fr.

— Librairie HACHETTE et Cⁱᵉ, 79, Bd Saint-Germain, PARIS —

MADEMOISELLE M. BAILLAUD

MANUEL DE TRICOT
COURS ÉLÉMENTAIRE

CONTENANT 64 DESCRIPTIONS
DE MODÈLES ET ILLUSTRÉ DE
56 REPRODUCTIONS D'OUVRAGES

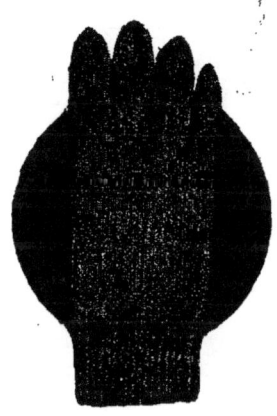

PARIS
LIBRAIRIE HACHETTE ET Cie
79, BOULEVARD SAINT-GERMAIN, 79

Droits de traduction et de reproduction réservés.

CORBEIL. — IMPRIMERIE ÉD. CRÉTÉ.

PRÉFACE

JE remercie le public de l'accueil favorable qu'il a fait à mon précédent ouvrage « **140 Modèles de Tricot** », et c'est pour répondre aux demandes réitérées des dames ou demoiselles qui aiment le travail que je me suis mise à faire ces cours. Il est vrai qu'on a abandonné le tricot depuis près de 5o ans et pour beaucoup de personnes le tricot se trouve un ouvrage nouveau.

Les machines donnent un tricot serré qui est loin d'être aussi élastique que celui que l'on fait. Quant au crochet il n'a jamais pu, dans les dentelles surtout, rivaliser avec le tricot; jamais une dentelle au crochet n'a eu l'aspect d'une vraie dentelle car elle n'a pas la souplesse et elle est presque toujours épaisse.

Je voudrais bien faire revivre ce vieux travail, facile à transporter; aussi, me suis-je efforcée de donner des explications claires et simples, de créer de jolis modèles tant en fil qu'en laine et j'espère contenter les personnes qui s'en serviront et occuperont ainsi leurs heures de loisir.

Si le premier cours élémentaire peut rendre service aux enfants et le second délasser les personnes qui aiment à s'occuper, si surtout les familles pauvres y trouvent leur compte, je serai largement récompensée des longs mois que j'ai mis à préparer ces cours ou mes modèles.

Marie Baillaud.

AVANT-PROPOS

Pour faire un joli tricot il faut prendre des aiguilles allant avec le fil ou la laine dont on se sert. C'est une question que l'on me pose constamment : « Quelles aiguilles dois-je prendre ? » et c'est la chose la plus difficile à dire. Tout le monde ne travaille pas de la même façon, les uns serrent, les autres font un tricot lâche et cela tient au tempérament plus ou moins nerveux. Je fais un travail en me servant d'aiguilles n° 12, j'apprends à une personne le même ouvrage, elle a la même laine, il lui faut des aiguilles n° 16 ; une autre difficulté pour les aiguilles, c'est que les fabricants ne numérotent pas le laiton de la même façon, pourtant cela devrait être parce qu'il existe un instrument qui s'appelle filière ou gouge. La filière a des crans de la grosseur des laitons de fer ou d'acier ; si les fabricants s'en servaient, toutes les aiguilles du même numéro auraient la même grosseur.

Tous les numéros d'aiguilles indiqués dans mes livres sont pris à la filière, je ne peux pas les indiquer autrement ; les personnes qui voudront les mêmes numéros devront se munir de cet instrument ou n'acheter leurs aiguilles que chez les marchands qui en sont munis. La filière coûte 2 francs et le port en plus.

Il en est de même des laines, elles varient de grosseur et ne sont pas pareilles tout en ayant le même numéro et le même nombre de fil. Il faut que chaque personne apprenne à assortir ses aiguilles à sa laine et à son fil. J'indiquerai cependant toujours de mon mieux les numéros d'aiguilles, de fil ou de laine.

Apprenez d'abord à tricoter les mailles à l'endroit et les mailles à l'envers, mais surtout à les bien faire, car ce travail est comme tous les autres, s'il n'est pas régulier, il n'est pas beau. Lorsque vous saurez bien faire ces mailles qui sont la base de tous les dessins, vous tâcherez d'assortir les aiguilles au fil ou à la laine. Vous verrez si votre travail n'est pas élastique ou s'il l'est trop, alors vous changerez vos aiguilles pour de plus grosses ou de plus fines. Tenez bien vos aiguilles afin d'éviter la fatigue physique. Pour ce qui est de la compréhension, ne vous en inquiétez pas, mais suivez seulement ce qui est écrit.

Lorsque vous saurez bien travailler dans ce livre, vous passerez au deuxième volume qui vous intéressera davantage parce que vous aurez vaincu les premières difficultés, et si vous aimez à travailler, vous devez aimer à vaincre les difficultés.

Il est bon aussi de faire des boules de cire aux extrémités de ses aiguilles ou prendre des aiguilles en os, les aiguilles en celluloïde ne sont pas pratiques parce qu'elles plient.

Une chose qu'il faut éviter lorsqu'on copie un ouvrage, c'est de vouloir comprendre avant de le faire. Prenez une épingle, marquez l'aiguille que vous faites, et lorsqu'elle est tricotée, déplacez l'épingle afin de ne pas perdre l'aiguille, le rang ou le tour que vous faites.

Quand votre texte est fini, il faut essayer de vous rappeler pour travailler sans livre.

Une chose importante aussi est de lire tout le livre avec beaucoup d'attention ; celui-ci surtout, car vous apprenez petit à petit les expressions et la manière de faire. Mais surtout lorsque vous faites un ouvrage, il faut le lire tout entier. C'est très important, car j'ai reçu beaucoup de lettres me demandant des explications pour des choses toutes simples. Beaucoup de personnes trouvent de la difficulté parce qu'elles n'avaient pas lu les explications, d'autres parce qu'elles voulaient comprendre avant de commencer.

NŒUD DE TISSERAND

Pour commencer ce cours, je voudrais vous apprendre à faire un nœud de tisserand, car dans les tricots de fantaisies il faut nouer le fil. Prenez dans chaque main un bout de fil, passez sous celui de la main gauche celui que vous tenez de la main droite, faites une boucle que vous passez sur le pouce, puis sous le fil qui était à votre main droite et dessus celui de la main gauche, ce qui croise les fils, puis rabattez le bout du fil qui est à la main gauche dans la bouche et tirez le fil qui est dans la main droite. Vous tenez les deux bouts de fil, l'un sous le pouce, l'autre entre l'index et le majeur.

MANIÈRE D'AJOUTER LA LAINE DANS LES TRICOTS PLEINS TELS QUE BAS, CHAUSSETTES.

Vous dédoublez la laine qui tricote et vous faites de même de celle que vous voulez ajouter et vous croisez les deux bouts, il faut qu'il y ait 7 à 8 centimètres, tricotez et vous couperez la laine qui ne sert pas lorsque votre travail sera fini ; il ne faut pas la couper trop près de l'ouvrage.

LE MAINTIEN ET MANIPULATION DES AIGUILLES.

Le maintien a une importance très grande pour tricoter sans se fatiguer ; plus les mouvements sont courts, moins la fatigue est grande, aussi est-ce un abus de prendre des aiguilles trop longues lorsque l'on peut se servir de courtes ; il ne faut pas non plus donner aux enfants qui commencent des aiguilles trop grosses, le n° 12 à la filière est une bonne grosseur ; les laines en pentes 3 fils ou la mérinos n° 25, 6 fils, sont bien appropriées pour les enfants ou les commençantes. Il faut se tenir très droite, les coudes près des hanches et les avant-bras doivent conduire l'ouvrage à la vue ; il ne faut jamais que ce soit les yeux qui aillent à l'ouvrage.

Il est utile de bien tenir ses aiguilles, cela évite de la fatigue, et la grâce dans les mouvements a toujours quelque chose d'agréable à la vue.

Prenez une aiguille de la main droite (Voy. fig. n° 1) entre le pouce et l'index, couchez-la sur la main comme un porte-plume. Le pouce ne doit jamais quitter l'aiguille, c'est lui qui la maintient ; il se soulève pour laisser passer les mailles mais doit reprendre immédiatement sa place.

L'aiguille de la main gauche se tient dans l'intérieur de la main, presque droite, pour éviter que les mailles ne sortent de dessus l'aiguille, lorsque vous en ajoutez une autre. Il y a pour le pouce de la main gauche la même utilité à ce qu'il ne quitte pas l'aiguille que pour le pouce de la main droite, il a un léger soulèvement pour pousser les mailles à mesure qu'elles quittent l'aiguille. Cette aiguille repose sur les quatre doigts et sort au bas de la main retenue par l'auriculaire qui est presque fermé. J'insiste pour que vous ne bougiez pas vos pouces. Il ne faut pas prendre l'habitude de lever le pouce de la main droite, ce maintien est plus utile que vous ne croyez, c'est pour cela que j'insiste et que je le répète.

LE FIL (Voy. fig. 2).

Prenez le fil, passez-le deux fois autour du petit doigt de la main droite, faites-le passer sous l'annulaire et faites-le ressortir sur l'index au bout du doigt. Lorsque vous jetez ou passez le fil sur l'aiguille, les quatre doigts s'avancent (Voy. fig. n° 21), seul le pouce reste en place. Il faut avoir la main assez pliée, mais non fermée, absolument comme si vous écriviez.

EXPLICATION DES ABRÉVIATIONS

Pour comprendre mes explications, il faut connaître le sens des abréviations contenues dans ce livre.

aig,	veut dire aiguille.
m,	maille.
mu,	maille unie, c'est-à-dire à l'endroit mais non tordue.
me,	maille envers.
u,	maille unie.
e,	maille envers.
r,	rétréci (rétrécir une maille c'est en prendre 2 ensemble).
j,	jeté (passez le fil sur l'aiguille).
2j,	deux jetés (passez deux fois le fil autour de l'aiguille).
3 alf,	prenez 3 mailles ensemble, et tricotez-les à l'endroit ou à l'envers, selon le côté de votre dessin.
mdls,	mailles dans la suivante que vous tricotez, une unie, une envers.
ml,	maille levée que vous passez sur l'aiguille sans la tricoter.
mdlj,	mailles dans le jeté que vous faites, une unie, une à l'envers. Lorsque vous avez fait deux jetés il faut toujours tricoter dans ces deux jetés une maille unie et une maille à l'envers.
aug,	augmenter une maille : tricoter une maille prise au pied de la précédente.
ajo,	ajouter une ou plusieurs mailles ; cela se rencontre dans certains tricots : au commencement de l'aiguille, vous tricotez une maille, sans faire couler celle dans laquelle vous venez de passer le fil, mais vous ajoutez la nouvelle maille à l'autre. Faites de même si l'explication prescrit d'ajouter deux ou trois mailles.
rab,	rabattre une maille : c'est passer la maille sur la suivante et tricoter celle-ci ; toutefois, lorsque cela se trouve dans un œillet par cinq mailles vous ne tricotez pas la maille mais la prenez avec la suivante.
fer,	fermer une ou plusieurs mailles : vous passez successivement les unes sur les autres le nombre de mailles indiquées.
lru,	le reste uni.
re l'ou,	retourner l'ouvrage.
p,	points dans le crochet.
rel,	relever les points.
cou,	couler les points.

MANUEL DE TRICOT

COURS ÉLÉMENTAIRE

COMMENT FAUT-IL FAIRE POUR BIEN TRICOTER

Fig. n° 1. — Monter un Ouvrage.

Il y a deux manières de monter son ouvrage, la 1re qui est pour les travaux souples, ou pour le lainage quand on veut faire un ourlet, c'est-à-dire plier son ouvrage et reprendre les mailles de une boucle à votre fil, passez-la sur votre aiguille gauche, passez l'aiguille droite dans la boucle, sous l'aiguille gauche et passez le fil sous l'aiguille droite, puis dessus et faites entrer ce fil

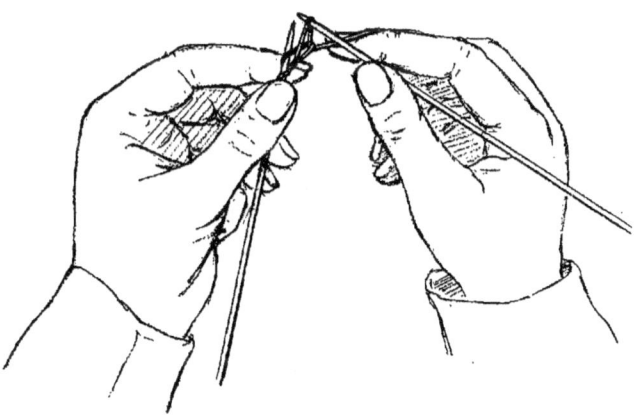

la 1re aiguille avec celles que l'on tricote. Cette première méthode apprend à faire 1 maille simple ou maille à l'endroit. Il faut 2 *aiguilles* et 1 *fil*. Faites dans la bouclette, retirez le fil de gauche à droite, cela fait une maille, passez-la sur votre aiguille gauche en l'enfilant par-dessous, faites autant de mailles qu'il vous en faut pour votre ouvrage. Cette manière de monter convient très bien pour les dentelles, surtout lorsque l'on doit rejoindre le commencement et la fin de son ouvrage, la couture ou fermeture se voit moins.

Fig. N° 2. — Deuxième Méthode de monter son Ouvrage.

Cette méthode se fait avec 2 fils et 1 aiguille; elle est utile pour les travaux dont le bord doit être fermé. Vous prenez le fil de la main droite comme pour la méthode précédente, votre aiguille aussi; faites une boucle passez-la sur votre aiguille. Votre deuxième fil que vous gardez plus ou moins long selon le nombre de mailles que vous avez

Il faut remarquer que les bouts des aiguilles sont trop longs sur les 3 premières planches, c'est pour laisser voir le parcours du fil ou le jeu des aiguilles. Il en est de même des aiguilles de la main gauche, elles ressortent trop de la main; bien placées, elles disparaîtraient. Voir la fig. n° 21, qui est avec 4 aiguilles, laissez les 2 aiguilles du

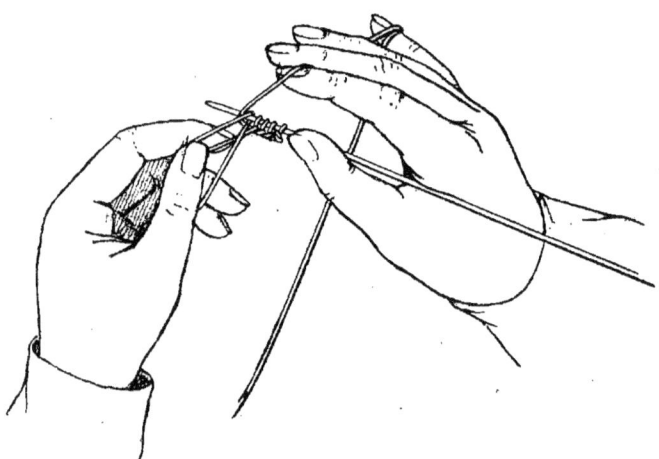

à monter, se passe entre l'annulaire et l'auriculaire. Vous faites une boucle et passez l'aiguille, puis le fil comme vous l'avez fait dans la première méthode, sauf que vous n'avez qu'une aiguille. Vous laissez vos mailles sur votre aiguille et en faites le nombre qui vous est nécessaire.

milieu, les doigts sont presque au bout des aiguilles, le fil est bien placé, et la main inclinée ou ouverte comme il faut. Lorsque vous tricoterez, le pouce se plie mécaniquement, il faut qu'il soit souple, et je répète qu'il ne faut pas le lever de l'aiguille.

Fig. N° 3. — **Mailles à l'endroit.**

Entrez l'aiguille que vous tenez de la main droite dans la 1re maille que vous avez sur l'aiguille gauche, mais autres aiguilles de même. Pour les travaux de laine, ce genre de tricot est très souple et chaud. Si vous voulez

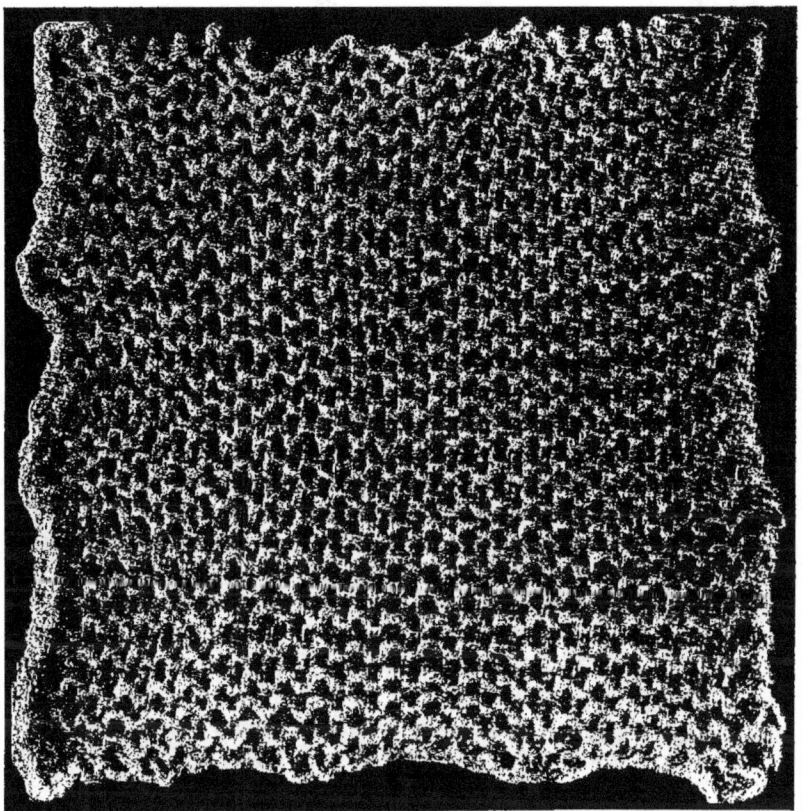

en dessous, de gauche à droite et passez votre fil comme vous avez fait en montant votre ouvrage, mais laissez les mailles que vous fermez sur l'aiguille droite; ces mailles se nomment mailles à l'endroit. Vous tricotez les faire un carré, il faut tricoter le double d'aiguilles que vous avez de mailles. Si vous faites un ouvrage cylindrique tels que les bas votre ouvrage a un autre aspect. Vous avez 1 côté à l'endroit et 1 à l'envers.

Fig. N° 4. — Mailles à l'endroit et à l'envers.

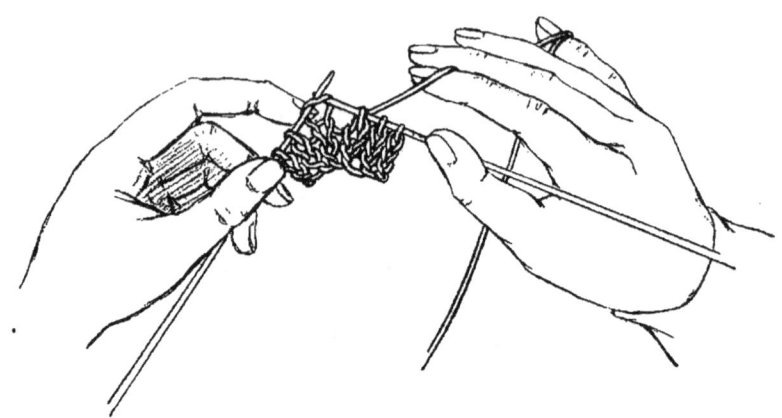

Vous obtenez le même travail en tricotant une *Aiguille* à l'endroit et de vous des mailles à l'endroit, ce travail est plus léger que le 1er, et il ne vous

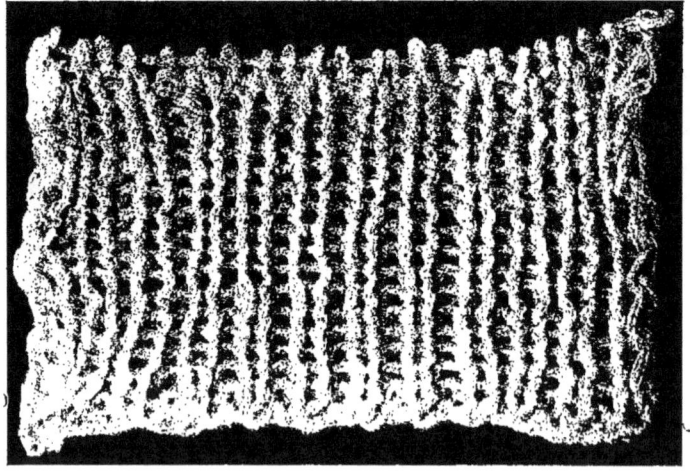

une *Aiguille* à l'envers, que dans les ouvrages cylindriques vous avez en face faut que 170 aiguilles pour 100 mailles si vous voulez faire un carré.

Fig. N° 5. — Mailles à l'envers.

Pour faire 1 maille à l'envers, vous placez vos aiguilles de la même manière que pour faire des mailles à l'endroit, mais le fil est devant l'aiguille et l'aiguille droite reste devant l'aiguille gauche. Entrez l'aiguille de droite à gauche dans la maille, passez votre fil de droite à gauche en dessous de l'aiguille droite, de manière que cette aiguille soit entourée. Sortez votre aiguille en dessous de l'aiguille gauche en allant en arrière. Vous avez formé une maille à l'envers.

Il faut laisser le fil devant l'aiguille fil derrière et passez la maille de droite à gauche.

Pour les mailles tordues que nous apprendrons plus loin, elles se font de même, mais il faut tordre les mailles en les passant sur le fil ; ce genre de mailles est très difficile à relever.

LES LISIÈRES.

Le plus souvent il ne faut pas tricoter la 1re maille qui doit former lisière, c'est plus joli, mais le bord est plus

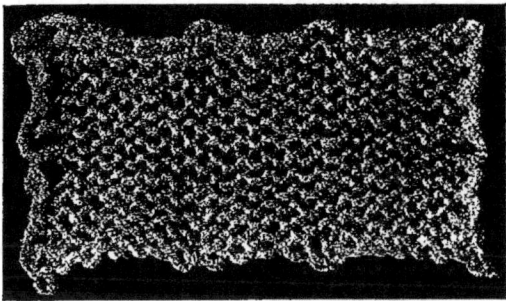

tant que vous aurez à tricoter des mailles à l'envers. Si vous devez changer de mailles, passez le fil par derrière l'aiguille.

MANIÈRE DE RELEVER LES MAILLES.

Maintenant que vous savez faire les mailles à l'endroit et les mailles à l'envers, il faut apprendre à relever celles qui peuvent tomber de vos aiguilles ce qu'il faut éviter le plus possible parce que cela faitt oujours une irrégularité dans l'ouvrage.

Si c'est une maille à l'endroit, prenez la maille sur l'aiguille gauche, mettez le fil qui doit former la maille devant cette maille que vous venez de relever et passez la maille sur le fil, vous faites cela autant de fois qu'il y a d'aiguilles coulées.

Si c'est une maille à l'envers, prendre sa maille sur l'aiguille droite, le gros. Si la bande que vous tricotez doit faire des franges, il ne faut pas tricoter la 1re maille. Vous passez l'aiguille de droite à gauche dans la maille et vous ne la tricotez pas, il faut veiller à ce que le fil ne tourne pas autour de la maille et que cette maille ne se torde pas. Si vous tricotez une bande pour faire de la mousse, travail qui est démodé mais que l'on fait faire facilement aux enfants, vous ne tricotez pas les lisières, vous montez 31 à 37 mailles, et la maille du milieu, vous la tricotez toujours, 1 côté à l'endroit et l'autre côté à l'envers, ce que l'on appelle point de couture, cela est un point de repaire marquant le milieu d'un ouvrage ; dans ce travail il vous servira lorsque vous partagerez votre bande en deux, vous couperez sur cette ligne qui sera bien droite. Il est de convention que les lisières pas tricotées sont plus jolies, elles sont certainement moins solides que tricotées et moins souples. La maille casse plus facilement et le bord se défait très vite si on casse cette maille. Cela, je le laisse à votre choix. Je vous donnerai dans mes ouvrages de fil, une ceinture : la lisière est tricotée et le bord n'en est pas moins joli.

Fig. N° 6. — Côtes simples.

Il se fait beaucoup de sortes de côtes, il y a la côte simple, c'est la fig. n° 6, elle se fait avec 1 maille à l'endroit, 1 maille à l'envers, c'est la plus usitée.

tricote 4 ou 5 côtes simples et on tricote 2 ou 3 mailles à l'envers pour séparer les petites côtes, le nombre de mailles dépend de la grosseur de la laine.

Il y a la côte double qui se fait par 2 mailles à l'endroit, 2 mailles à l'envers.

Il y a aussi la côte Richelieu : on

Il y a aussi des côtes fleuries et la grosse côte pour les ouvrages de fantaisies ; nous les apprendrons plus loin, ainsi que les côtes transparentes.

Fig. N° 7. — Côtes tordues.

La maille à l'endroit tordue, se fait comme la maille à l'envers, mais l'aiguille de droite doit être sous l'aiguille de gauche et le fil sous l'aiguille ; pour faire la maille à l'envers, vous passez le fil devant l'aiguille droite et vous prenez la maille par derrière, faisant remonter l'aiguille droite devant l'aiguille gauche ; passez le fil de dessus en dessous de manière qu'il entoure l'aiguille et faites-le ressortir par derrière votre maille : ce genre de côte se fait de deux manières, ne tordez que la maille à l'endroit ; et tordez les deux mailles. Le dernier genre est plus fin, dans votre figure, vous avez les deux manières. Ce genre de côte est plus fin, plus élastique, mais il faut beaucoup plus de mailles pour faire la même largeur.

COTES ANGLAISES.

(Voir *140 modèles de Tricot*, fig. 90).

Fig. N° 8. — Côtes Tatanou.

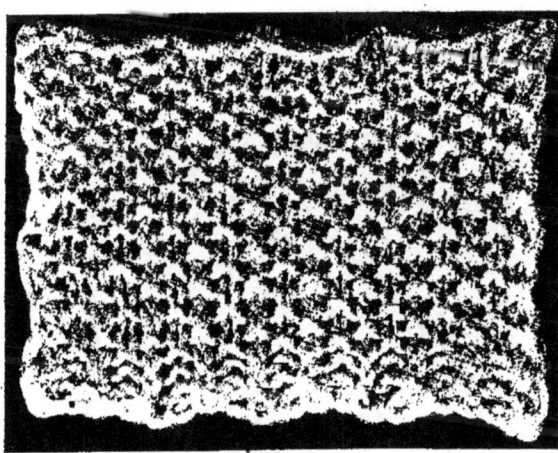

Cette côte se fait de deux manières, je vous écris la figure. 1ʳᵒ *Aiguille* à l'endroit. — 2ᵉ *Aiguille* à l'envers. — 3ᵉ *Aiguille*. Faire la côte simple. Il faut 2 *Aiguilles* à l'endroit du côté de votre dessin, il faut bien veiller à faire les mailles à l'envers les unes au-dessus des autres. Pour ce travail, il faut des aiguilles fines et de la laine un peu grosse, il faut que ce travail soit serré, ce genre de tricot convient pour faire des gants.

DEUXIÈME COTE. — TATANOU OU PETIT PIQUÉ.

(Voir *140 mod. de Tricot*, fig. n° 94).

Fig. N° 9. — Côtes fleuries.

Montez un nombre de mailles par 5. Ce qui veut dire qu'il faut 5 mailles pour faire le dessin et que toutes les 5 mailles vous recommencez ce que j'écris. 1re *Aiguille.* 3 mailles à l'envers 2 mailles à l'endroit. — 2e *Aiguille.* 2 mailles à l'envers, 3 mailles à l'endroit. — 3e *Aiguille.* 1 maille à l'envers, 2 mailles à l'endroit, 2 mailles à l'envers. — 4e *Aiguille.* 2 mailles à l'endroit, 2 mailles à l'envers, 1 maille à l'endroit.

Fig. N° 9 bis. — Côtes fleuries.

Montez un nombre de mailles divisible par 6. Pour ce travail, il faut prendre des aiguilles fines si vous avez de la laine en pente, 3 fils ou du n° 30 5 fils, il faut prendre des aiguilles n° 5 pris à la filière.

Faites la côte simple pendant 3 *Aiguille*, à la 4e *Aiguille.* 1 maille à l'endroit, 1 maille à l'envers, prenez la maille suivante sans la tricoter, lâchez 1 maille, l'aiguille suivante) 1 maille à l'envers. Tricotez 3 aiguilles de côtes à la 4e *Aiguille.* 1 maille à l'endroit, 1 maille à l'envers, 1 jeté, abandonnez la maille suivante, et tricotez la maille à l'envers. Tricotez ensemble la maille que vous avez lâchée avec la suivante en les tordant.

Vous pouvez, tant que vous n'êtes pas habitué à lâcher et relever les

la maille à l'envers, prenez la maille que vous n'avez pas tricotée avec la suivante, tricotez-les ensemble ; tricotez la maille à l'envers que vous avez lâchée, faites 1 jeté (c'est le fil que l'on passe sur l'aiguille qui doit faire mailles, les passer sur une épingle à cheveux. Vous pouvez aussi tordre les mailles à l'endroit qui séparent les côtes, ce serait plus joli.

Toutes ces côtes font de jolis bas, guêtres, brassières ou jupons d'enfant.

Texte nº 1. — Grosse côte.

Cette côte se fait unie ou à jour. Voir *Manuel de tricot*, fig. 99, p. 54. Cette côte peut faire de bons jupons. Je vous donnerai un collet d'enfant qui est très gracieux, fait avec une côte ajourée d'un autre genre.

Texte nº 2. — Côtes transparentes.

Prenez de la laine blanche et de la laine rose, tricotez la côte simple avec la laine blanche, quand votre aiguille est terminée tricotez avec la laine rose toutes les mailles à l'envers. Vous passez les mailles à l'endroit sur votre aiguille droite sans les tricoter, cela ne forme qu'une *Aiguille*. La 2ᵉ *Aiguille*, vous tricotez toute l'aiguille avec la laine blanche et vous tricotez les mailles à l'endroit avec la laine rose. Vous passez votre laine rose comme si vous deviez tricoter votre maille suivante et lorsque la maille que vous ne tricotez pas est sur l'aiguille droite vous repassez votre laine pour tricoter la maille suivante.

Ce genre de tricot fait de jolis et chauds vêtements, vous trouverez dans ces cours des chaussons, faits avec deux laines dans ce genre de tricot.

Texte nº 3. — Tricot double.

Montez le nombre de mailles qu'il vous faut, mais il en faut plus que pour les autres tricots, car tricotant 1 maille et pas l'autre cela resserre ou rétréci. 1ʳᵉ *Aiguille*. Levez 1 maille (c'est ne pas la tricoter). Vous la prenez comme la maille à l'envers tricotez la suivante. La 2ᵉ *aiguille* se fait de même que la 1ʳᵉ, mais on tricote les mailles qui ne l'ont pas été.

Vous prenez les mailles et passez le fil comme si vous les tricotiez. Ce genre de tricot n'a ni endroit ni envers, il est très épais, souple et solide.

On peut faire une couverture d'enfant en faisant des carrés blancs et bleus, ou blancs et roses, vous faites une bande et vous la commencez par 1 jeté, 1 rétréci de chaque côté (1 jeté c'est le fil que l'on passe sur l'aiguille, 1 rétréci est 2 mailles prises ensemble). Vous réunissez les carrés en prenant les bouclettes et vous intercalez les carrés. Vous commencez 1 bande par le blanc et la bande suivante par le rose, vous trouverez des semelles faites avec ce genre de tricot.

Texte nº 4. — Tricot double.

Ce tricot convient pour les vêtements très chauds; il faut, comme pour le précédent, monter plus de mailles pour faire un ouvrage, mais il ne se divise pas, il est plus serré, aussi convient-il mieux pour les talons de bas, si vous vous en servez pour cela, vous ferez bien d'augmenter 2 ou 3 mailles de chaque côté du point de couture avant de commencer la bande du talon.

Faites 1 *aiguille* à l'endroit. Vous tricotez 1 maille et pas la suivante. La 2ᵉ *Aiguille*, vous la faites à l'envers, tricotant les mailles qui ne l'ont pas été.

Texte nº 5. — Nids de Mouches.

Ce travail est encore un genre de côte, il n'a ni envers ni endroit. Tricotez 1 maille à l'endroit tordue, 1 maille à l'envers. 2ᵉ *Aiguille*. Tordez la maille à l'endroit c'est dans la 1ᵉ *Aiguille*, la maille que vous avez tricotée à l'envers et tricotez à l'envers la maille que vous avez tordue l'aiguille précédente.

Fig. N° 12. — Nids d'Abeilles.

Pour ce travail, comme pour le précédent, montez le nombre de mailles qu'il faut pour faire votre travail, il se fait de même, mais ne tordez pas de mailles et ne faites pas de côte. Tricotez 1 maille à l'envers, 1 maille à l'endroit. A la 2ᵉ *Aiguille*, vous tricotez 1 maille à l'endroit au-dessus de celle à l'envers et 1 maille à l'envers au-dessus de celle à l'endroit.

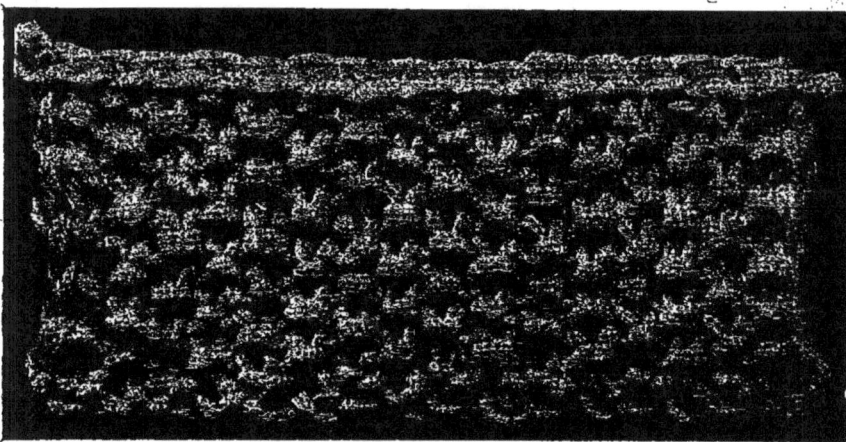

Fig. N° 13. — Tricot de Laine natté.

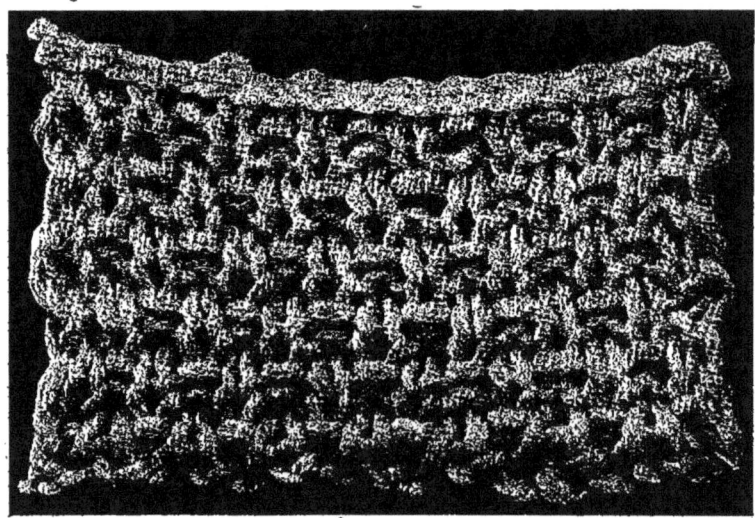

Ce dessin est divisible par 2 mailles :
1ʳᵉ *Aiguille*. 1 maille à l'endroit, 1 maille à l'envers. — 2ᵉ *Aiguille*. 1 maille à l'envers au-dessus de celle à

l'envers, 1 maille à l'endroit au-dessus de celle à l'endroit. — 3ᵉ *Aiguille*. 1 maille à l'envers au-dessus de celle à l'endroit, 1 maille à l'endroit au-dessus de celle à l'envers. — 4ᵉ *Aiguille*. Il faut tricoter 1 maille à l'endroit au-dessus de la maille à l'endroit, 1 maille à l'envers au-dessus de la maille à l'envers.

Ces 3 figures font de jolies brassières des bas, des moufles et même des jupons en y ajoutant une dentelle. Il faut se servir d'aiguilles assez grosses pour laisser au travail sa souplesse. Avec la laine en pente 4 fils ou en pelotte n° 25 6 fils, prenez des aiguilles n° 18.

Manière de tenir son ouvrage lorsqu'il est volumineux. Lorsque vous avez un petit nombre de mailles, elles tiennent facilement dans la main entre le pouce et l'index, mais lorsque l'ouvrage est assez long, il faut laisser glisser les mailles sur l'aiguille et le pouce de manière que l'ouvrage retombe en dehors de la main, de cette manière vous évitez la fatigue de la main et vous conserverez votre ouvrage plus frais, surtout si ce sont des ouvrages de laine. Votre pouce seul touche l'aiguille. Je conseille cette méthode même pour les autres ouvrages peu volumineux aux personnes qui transpirent des mains.

Dans les ouvrages que vous allez faire, vous verrez l'utilité de ce que je vous indique.

Fig. N° 14. — Poignet pour Enfant de 4 à 5 ans.

Ce petit travail est pour les enfants qui commencent. *Montez 35 mailles*

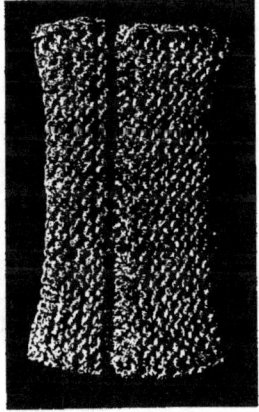

avec 1 fil et 2 aiguilles, il ne faut pas tricoter les lisières. Laine en pente 3 fils aiguille n° 14.

Tricotez 60 aiguilles toujours à l'endroit. Fermez en prenant 1 maille sur le commencement de votre ouvrage et 1 maille sur votre aiguille, tricotez-les ensemble, la 2ᵉ fois vous passez la 1ʳᵉ maille sur la 2ᵉ jusqu'à la fin, c'est ce que l'on appelle rabattre des mailles.

Fig. N° 15. — Mitaine pour Fillette de 12 à 14 ans.

Prenez de la laine en pente, 3 fils, des aiguilles n° 14. Ce travail se monte

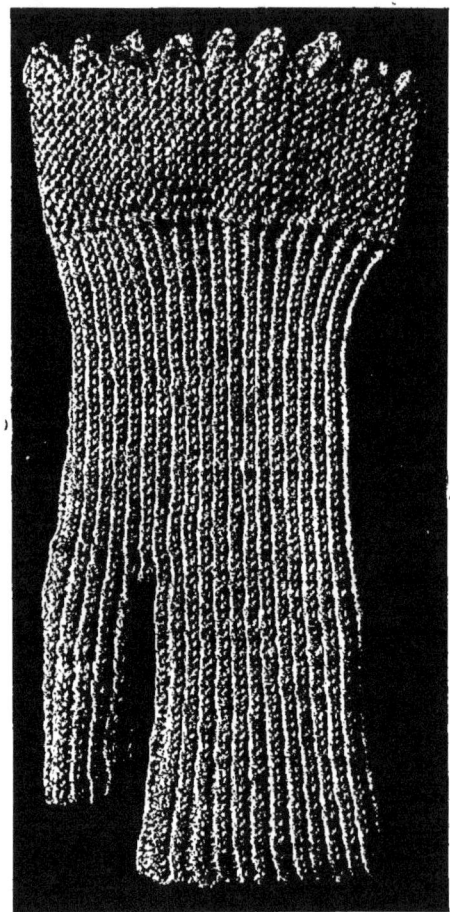

Tricotez 62 aiguilles, fermez 19 mailles, ajoutez 13 mailles pour le pouce

avec 1 aiguille et 2 fils, il faut monter 40 mailles, si vous faites une manchette avec le point de marguerite (Voir *Manuel de tricot*, 140 modèles, p. 56 et finir le point de marguerite avec le picot [du *Manuel* p. 57, fig. 106). Si vous ne voulez pas garnir la manchette montez 50 mailles.

(ajouter 1 maille c'est tricoter dans la dernière maille 1 maille que vous joignez aux autres, c'est le même travail que monter un ouvrage avec 1 fil et 2 aiguilles).

Tricotez 4 *aiguilles*; à la 5° *Aiguille*, tricotez 24 mailles et retournez votre ouvrage. (Il faut prendre la 1re maille sans la tricoter, serrez le fil et lorsque vous reviendrez à cette maille il faut la prendre tordue afin qu'elle ne fasse pas un jour (cela compte pour 1 aiguille). A la 7e *Aiguille*, tricotez 25 mailles. A la 9e *Aiguille*, tricotez 26 mailles. A la 11e *Aiguille*, tricotez 27 mailles. 12, 13, 14, 15, 16, 17e *Aiguille*, par 27 mailles, la 19e *Aiguille*, par 26 mailles, retournez votre ouvrage, 21e *Aiguille*, par 25 mailles, 23e *Aiguille*, par 24 mailles 25, 26, 27, 28, 29, 30e *Aiguille unies*. Fermez ; cousez vos deux lisières ensemble.

Fig. N° 16. — Chausson.

Laine en pente, 4 fils, aiguilles n° 18.

Montez avec 2 fils et 1 aiguille 47 mailles, tricotez 15 aiguilles toujours à l'endroit, à la 16e *Aiguille*, tricotez 22 mailles, ne pas tricoter la 23e maille, tricotez les 2 mailles suivantes ensemble, rabattez la maille pas tricotée sur cette dernière (cela s'appelle diminuer, 2 mailles ou 3 mailles à la fois) le reste tricotez-le uni. — 17e *Aiguille* à le reste uni. — 23, 24, 25e *Aiguille*, à l'endroit. — 26e *Aiguille*, tricotez 18 mailles, 3 à la fois, le reste uni, tricotez 5 aiguilles, à la 6e, tricotez une maille unie, 1 jeté (vous savez que 1 jeté c'est le fil passé sur l'aiguille ; 1 rétréci ce sont deux mailles ensemble, faire cela toute l'aiguille. Tricotez 17 aiguilles, à la 18e *Aiguille* fermez et garnissez votre chausson du petit picot. Voir

l'endroit. — 18e *Aiguille*, tricotez 21 mailles, 3 à la fois, le reste uni. — 19e *Aiguille* à l'endroit. — 20e *Aiguille*, tricotez 20 mailles, 3 à la fois, le reste uni. — 21e *Aiguille* à l'endroit. — 22e *Aiguille*, tricotez 19 mailles, 3 à la fois, l'explication de la figure précédente.

Pour fermer votre chausson passez dans les 10 mailles du milieu un fil de laine, serrez afin de faire le bout du pied, cousez les 2 côtés ensemble, et passez dans les 4 dernières mailles de chaque côté ce qui vous fait 8 mailles, un fil et serrez; remonter derrière le chausson en ne prenant qu'un fil de la maille, mais que ce soit les 2 dernières, arrêtez la laine.

Faites 1 chaînette et des pompons (voir fig. n° 18) que vous passerez dans les jours que vous avez faits (Voir la brassière qui suit fig. 17) ce chausson est très simple à faire, il est élastique et chaud.

Fig. N° 17. — Brassière tricotée pour Enfant de 6 mois.

Brassière pour commençante. Elle apprend à guider l'ouvrage dans un tricot compliqué, puis elle est souple, chaude, facile à laver; il ne faut pas

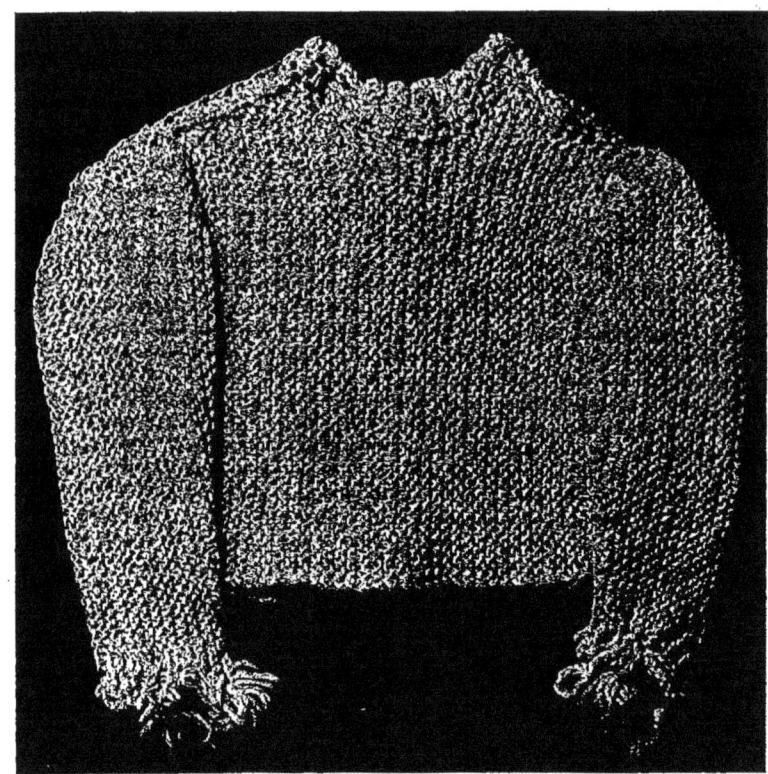

tricote les lisières. Ce travail est fait avec la même laine et les mêmes aiguilles que le chausson précédent. *Montez 40 mailles avec 2 fils et 1 Aiguille.* Tricotez toujours à l'endroit. Faites 17 *Aiguilles*. A la 18e *Aiguille*. Ajoutez 2 mailles. — 19e *Aiguille*. Unie. — 20e *Aiguille*. Ajoutez 2 mailles, 21e *Aiguille*. Unie. — 22e *Aiguille*. Ajoutez 1 maille. — 23, 24, 25e *Aiguille*. Unies. — 26e *Aiguille*. Fermez 1 maille. — 27, 28, 29e *Aiguilles* Unies. — 30e *Aiguille*. Fermez 1 maille. — 31, 32, 33e *Aiguilles*. Unies. — 34e *Aiguille*. Fermez 1 maille. — 35, 36, 37, 38, 39e *Aiguille*. Unies. — 40e *Aiguille*. Fermez 1 maille. — 41, 42, 43e *Aiguille* Unies. — 44e *Aiguille*. Fermez 11 mailles. — 45e *Aiguille*. Unie. — 46e *Aiguille*. Fermez 5 mailles. — 47, 48,

49, 50, 51, 52e *Aiguilles*. Unies. — 53e *Aiguille*. A la fin, ajoutez 5 mailles. — 54e *Aiguille*. Unie. — 55e *Aiguille*, Ajoutez 11 mailles. — 56, 57, 58e *Aiguilles* Unies. — 59e *Aiguille*. Ajoutez 1 maille. — 60, 61, 62, 63, 64e *Aiguilles*. Unies. — 65e *Aiguille*. Ajoutez 1 maille. — 66, 67, 68e *Aiguilles*. Unies. — 69e *Aiguille*. Ajoutez 1 maille. — 70, 71, 72e *Aiguilles*. Unies. — 73e *Aiguille*. Ajoutez 1 maille. — 74, 75, 76, 77e *Aiguilles*. Unies. — 78e *Aiguille*. Fermez 2 mailles. — 79e *Aiguille*. Unie. — 80e *Aiguille*. Fermez 2 mailles. — 81e *Aiguille*. Unie. — 82e *Aiguille*. Fermez 2 mailles. — 83, 84, 85, 86, 87, 88, 89, 90, 91, 92, 93, 94, 95e *Aiguilles*. Unies. — 96e *Aiguille*. Ajoutez 2 mailles. — 97e *Aiguille*. Unie. — 98e *Aiguille*. Ajoutez 2 mailles. — 99e *Aiguille*. Unie. — 100e *Aiguille*. Ajoutez 2 mailles. — 101, 102, 103e *Aiguilles*. Unies. — 104e *Aiguille*. Fermez 1 maille. — 105, 106, 107, 108, 109e *Aiguilles*. Unies. — 110e *Aiguille*, Fermez 1 maille. — 111, 112, 113e *Aiguille*. Unies. — 114e *Aiguille*. Fermez 1 maille. — 115, 116, 117e *Aiguilles*. Unies. — 118e *Aiguille*. Fermez 1 maille. — 119, 120, 121e *Aiguilles*. Unies. — 122e *Aiguille*. Fermez 11 mailles. — 123e *Aiguille*. Unie. — 124e *Aiguille*. Fermez 5 mailles. — 125, 126, 127, 128, 129, 130e *Aiguilles* Unies. — 131e *Aiguille*. Ajoutez 5 mailles. 132e *Aiguille*. Unie. — 133e *Aiguille*. Ajoutez 11 mailles. — 134, 135, 136e *Aiguilles*, Unies. — 137e *Aiguille*. Ajoutez 1 maille. — 138, 139, 140, 141, 142e *Aiguilles*. Unies. — 143e *Aiguille*. Ajoutez 1 maille 144, 145, 146e *Aiguilles*. Unie. — 147e *Aiguille*. Ajoutez 1 maille. — 148, 149, 150e *Aiguilles*. Unies. — 151e *Aiguille*. Ajoutez 1 maille. — 152, 153, 154e *Aiguilles*. Unies. — 155e *Aiguille*. Fermez 1 maille. — 156e *Aiguille*. Unie. — 157e *Aiguille*. Fermez 1 maille. — 158e *Aiguille*. Unie. — 159e *Aiguille*. Fermez 2 mailles. — 160, 161, 162, 163, 164, 165, 166, 167, 168, 169, 170, 171, 172, 173, 174, 175e *Aiguilles*. Unies, fermez en remontant. Faire 1 rang de brides au cou (c'est 1 point de crochet avec 1 bride) et le picot (voir l'explication du chausson allant avec la brassière).

MANCHE. MONTEZ 35 MAILLES.

Tricotez 10 mailles, retournez l'ouvrage, augmentez 1 maille au commencement jusqu'à ce que vous ayez 45 mailles, descendez de 5 mailles, jusqu'à la fin de l'aiguille.

Il faut 45 aiguilles dans le bas de la manche.

Laissez 5 mailles dans le bas chaque fois que vous descendez et diminuez de 2 mailles dans le haut jusqu'à ce qu'il vous reste 35 mailles.

Garnissez le bas de la manche comme le haut de la brassière.

Faites un pompon et une chaînette de la longueur du cou et des manches passez-les dans les brides et faites un deuxième pompon. Voir la figure suivante.

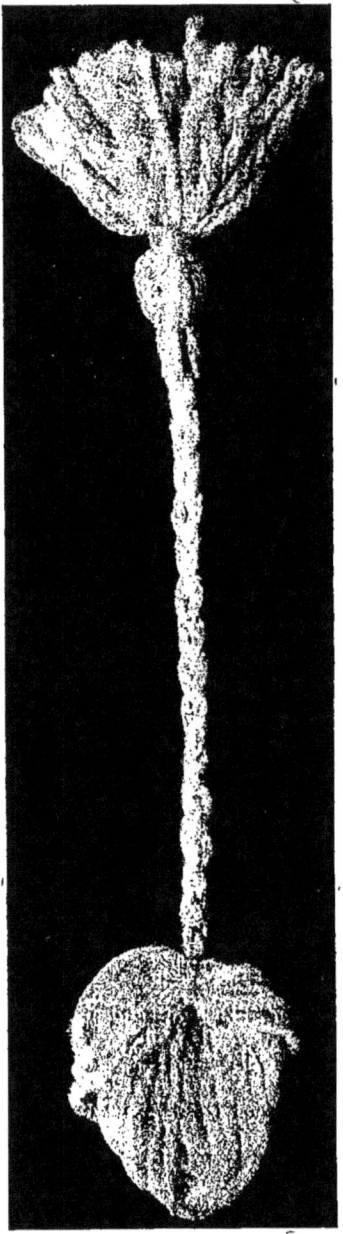

Fig. N° 18. — Pompon pour remplacer les Rubans.

Tournez 20 fois autour de vos 2 doigts, faites 1 chaînette et faites un autre pompon ; lorsque vous avez passé la chaînette dans les brides ou le troutrou.

Je vous donne un pompon commencé et l'autre fini. Vous pouvez si vous voulez ne pas couper la laine, ce qui est peut-être moins joli mais plus solide. La laine coupée, vous obtenez un gland.

Cette chaînette est moins élégante que le ruban, mais elle est plus pratique, elle se lave avec les objets qu'elle garnit. Vous pouvez faire ces chaussons et ces brassières avec les tricots de fantaisie qui précèdent ces travaux.

Fig. N° 19. — Petite Dentelle de Laine.

Avant d'apprendre à faire un travail cylindrique, nous allons faire 2 petites dentelles, qui ornent très bien les chaussettes, mitaines, poignets, et même les brassières.

Montez 6 mailles avec la laine qui doit faire votre travail.

Comme la 2ᵉ *Aiguille*. — 7ᵉ *Aiguille*. 1 maille unie, augmentez 1 maille, 8 mailles unies. — 8ᵉ *Aiguille*. 9 mailles unies, augmentez 1 maille unie. — 9ᵉ *Aiguille*. Fermez 5 mailles, 5 mailles unies. — 10ᵉ *Aiguille*. Toute unie.

Recommencez à l'aiguille n° 1.

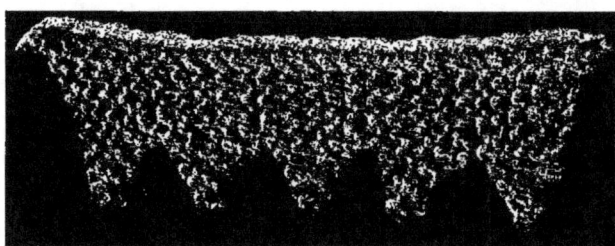

1ᵉ *Aiguille*. 1 maille unie, augmentez une maille (vous prenez au pied de la maille suivante, le fil de cette maille et vous tricotez une maille) 5 mailles unies (une maille unie est une maille à l'endroit non tordue). — 2ᵉ *Aiguille*. Tricotez toute l'aiguille unie. — 3ᵉ *Aiguille*. 1 maille unie, augmentez 1 maille, 6 mailles unies. — 4ᵉ *Aiguille* comme la 2ᵉ *Aiguille*. — 5ᵉ *Aiguille*. 1 maille unie, augmentez 1 maille, 7 mailles unies. — 6ᵉ *Aiguille*.

Cette petite dentelle peut se faire plus haute et plus creuse en augmentant le nombre de mailles pour le pied et en augmentant 6, 7, ou 8 fois.

Cette dentelle n'est augmentée que 5 fois.

Vous trouverez des mitaines dont le poignet est fait de cette manière.

Cette dentelle est très souple, elle tient le bord des chaussettes qui ont toujours une tendance à retomber, il ne faut pas tricoter la lisière de cette dentelle.

Fig. N° 20. — Petite Dentelle de Laine.

Montez un nombre de mailles divisible par 8 pour le poignet qui suit il

guille, tricotez 1 aiguille à l'endroit :
1ʳᵉ *Aiguille*. 1 unie, 1 jeté, 2 unies, 3 alf,

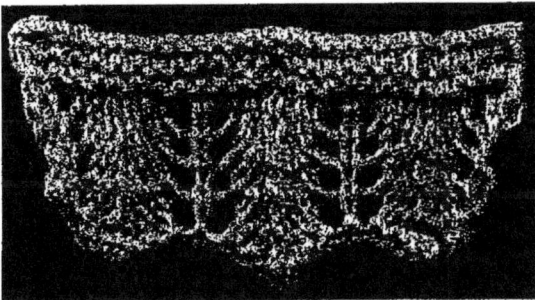

faut 8 dents, cela fait 64 mailles. Vous montez cette dentelle avec 2 fils et 1 ai-

2 u, 1 j. — 2ᵉ *Aiguille*, unie. — 3ᵉ *Aiguille*. 1 unie, 1 jeté, 2 unies, 3 alf, 2 unies,

1 jeté. — 4º *Aiguille*, unie. — 5º *Aiguille*. 1 unie, 1 jeté, 2 unies, 3 alf, 2 unies, 1 jeté. — 6º *Aiguille*, unie.

Vous pouvez faire cette dentelle aussi haute que vous voulez, et l'élargir en ajoutant 2 ou 4 mailles.

Elle convient très bien pour le bord d'un jupon en la faisant par 10 ou 12 mailles, lorsque l'on fait la dernière aiguille il ne faut pas faire les jetés.

On peut faire aussi ces deux dentelles avec le fil au paon ; elles ornent très bien la lingerie, la 1ʳᵉ fig. nº 22 ajoutée à un entre-deux fait très bien le rond parce que jointe à des dessins qui sont ajourés, elle resserre la partie qui est liée près d'elle, et le reste s'élargit : c'est l'effet du travail.

Fig. Nº 21. — Travail cylindrique.

Les ouvrages cylindriques se font avec 4 aiguilles (il y a des pays où l'on se sert de 5 aiguilles, mais cela est très encombrant). Vous montez votre ouvrage sur 3 aiguilles, autant de mailles qui commence votre aiguille est à l'endroit, il faut mettre l'aiguille qui à tricoter devant l'aiguille qui vient d'être tricotée, et il faut serrer la 1ʳᵉ maille de votre aiguille, afin d'éviter

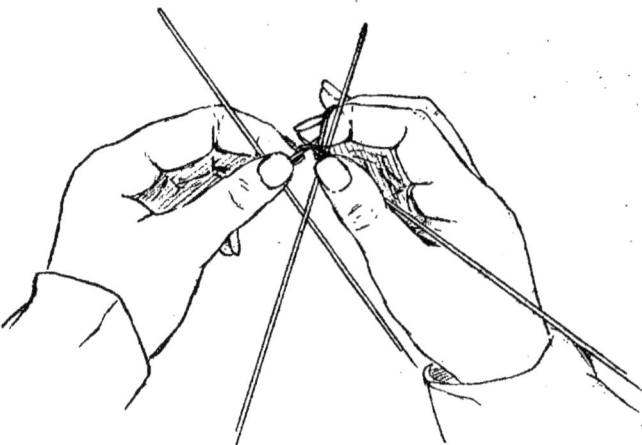

sur chacune, si vous devez faire des rétrécis ou diminutions, ce qui est pareil, vous mettrez 1 maille en plus à 1 aiguille, aux bas, chaussettes.

Il y a des personnes qui ne savent que faire de leurs aiguilles. Vous tenez l'aiguille que vous allez tricoter, et celle qui doit tricoter comme si vous n'en aviez que deux, les autres se tiennent d'elles-mêmes. Si la maille une rivière de jour qui se produirait, parce que le tricot serait moins serré entre les aiguilles, ce qui ferait une irrégularité dans votre ouvrage. Si la 1ʳᵉ maille était à l'envers il faudrait prendre cette maille en plaçant l'aiguille qui doit tricoter derrière celle qui vient de l'être. Le fil est toujours passé de même que dans les autres ouvrages.

Fig. N° 22. — Chaussette d'Enfant.

Cette chaussette va aux enfants qui chaussent du n° 23 ou 25, généralement ce sont des enfants de 4 à 5 ans. Laine n° 25, 5 fils, aiguilles n° 11.

Tricotez la dentelle fig. n° 19, faites 12 dents, fermez 5 mailles en prenant 1 maille sur le commencement de votre dentelle et 1 maille sur votre aiguille, tricotez-les ensemble, puis la 2ᵉ maille et vous rabattez la 1ʳᵉ maille sur la 2ᵉ jusqu'à la fin.

Relevez les mailles de la lisière en ne prenant que le fil qui est dessus la dentelle. Il faut relever 50 mailles, 17 mailles sur 2 aiguilles et 16 sur la 3ᵉ. Tricotez la côte simple, fig. n° 6, faites 45 tours de côtes. Augmentez 10 mailles dans le 1ᵉʳ tour à l'endroit, il faut conserver une maille à l'envers pour marquer le milieu de votre ouvrage. Tricotez 40 tours de mailles à l'endroit, ces tours faits, prenez de chaque côté de votre point de couture 15 mailles, ce qui vous fait 31, que

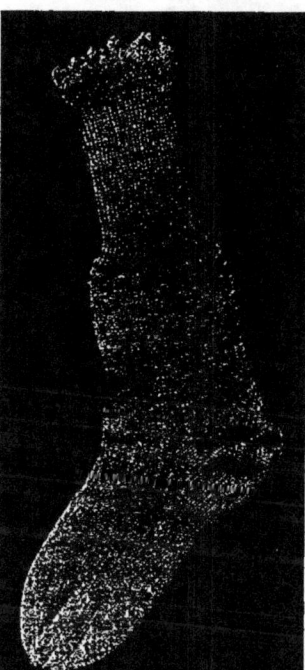

vous tricotez seule, c'est pour faire la bande du talon, faites 1 aiguille à l'endroit, 1 aiguille à l'envers, il faut tricoter 17 aiguilles, à la 18ᵉ vous tricotez 4 mailles plus loin que le point de couture. Vous retournez l'ouvrage. Tricotez 9 mailles et retournez l'ouvrage, tricotez 10 mailles, retournez l'ouvrage. Vous augmentez toujours d'une maille jusqu'à ce qu'il ne vous reste que 4 mailles de chaque côté, alors vous prenez la dernière maille que vous devez tricoter avec la 1ʳᵉ des 4 mailles. Vous les tricotez ensemble, vous retournez l'ouvrage et vous faites de même de l'autre côté. Faites cela jusqu'à ce qu'il ne vous reste plus de maille. Votre bande terminée, vous ne tricotez plus la maille à l'envers. Relevez de chaque coté de votre bande 9 mailles. Au 1ᵉʳ tour vous prenez la dernière maille de votre bande avec la 1ʳᵉ maille du cou-de-pied, de l'autre côté vous prenez la dernière maille du cou-de-pied avec la 1ʳᵉ maille de la bande, c'est là que vous devez rétrécir les autres tours et toujours du même sens; faire de même le tour suivant. Tricotez 3 tours sans rétrécir. — 4ᵉ tour rétrécir. — 5ᵉ tour sans rétrécir. — 6ᵉ tour rétrécir. — 7ᵉ et 8ᵉ tours sans rétrécir. — 9ᵉ tour rétrécir. — 10ᵉ et 11ᵉ tours sans rétrécir. — 12ᵉ tour rétrécir. — 13ᵉ, 14ᵉ, 15ᵉ tours sans rétrécir. — 16ᵉ tour rétrécir. — 17ᵉ, 18ᵉ 19ᵉ, tours sans rétrécir. — 20ᵉ tour rétrécir. — 21ᵉ, 22ᵉ, 23ᵉ, 24ᵉ tours sans rétrécir. — 25ᵉ tour rétrécir. — Tricotez 35 tours unis. Partagez vos mailles, 26 du côté du talon et 26 mailles du côté du cou-de-pied. Tricotez 2 mailles, faites un rétréci. — Tricotez 18 mailles, faites un rétréci. — Tricotez 4 mailles, faites un rétréci. — Tricotez 18 mailles, faites un rétréci. — Tricotez 2 mailles. Il faut rétrécir tous les 2 tours aux mêmes endroits et du même sens, les 4 mailles qui séparent les rétrécis doivent être bien droites, vous tricotez jusqu'à ce qu'il ne vous reste que 14 mailles et vous fermez.

Fig. N° 23. — Poignet Laine à côtes pour Petite Femme.

Montez 64 mailles, laine n° 25, 5 fils, aiguille n° 11. Faire la dentelle fig. n°

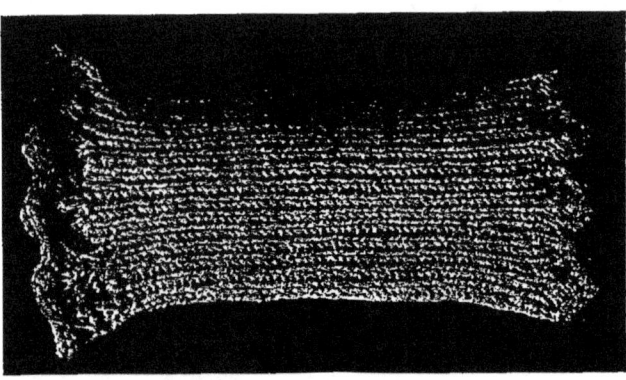

20, faites-la de la hauteur que vous voudrez. Cet ouvrage est cylindrique. Tricotez 70 à 80 tours de côtes simples si vous voulez vous pouvez tordre vos mailles à l'endroit et vous terminerez votre manchette avec la dentelle qui la commence, cela est plus joli et le bord casse moins. Vous pouvez aussi faire votre manchette à côtes transparentes (Voir texte n° 2).

Texte n° 6. — Chaussette pour Homme.

Laine n° 25, 6 fils, aiguilles n° 11.

Montez avec 2 fils et 1 aiguille 90 mailles. — 30 mailles sur chaque aiguille. Tricotez 80 tours de côtes simples, augmentez de 10 mailles et tricotez toujours à l'endroit (il faut faire 1 point de couture) jusqu'à ce que votre ouvrage plié en triangle, soit bien régulier. Il ne faut mesurer que les mailles à l'endroit. Prenez 53 mailles pour la bande du talon (si vous devez faire le tricot double, fig. n° 14), augmentez dans ces mailles, 3 mailles de chaque côté parce que le tricot double resert). Tricotez 36 aiguilles, laissez de chaque côté du point de couture 7 mailles, retournez votre ouvrage, comme à la chaussette, fig. n° 22. Faites de même jusqu'à ce qu'il vous reste 6 mailles de chaque côté. Terminez le talon comme à la fig. n° 22. Relevez sur la bande 18 mailles de chaque côté. Pour les rétrécis du cou-de-pied ils ne peuvent pas se faire de même pour tout le monde parce qu'il y a des pieds qui n'ont pas de cou-de-pied, il y a des pieds plats. Vous ferez bien de regarder en continuant votre travail si le pied va bien, il y a aussi des pieds très minces et d'autres qui sont plus épais. Il faut diminuer au 2ᵉ tour 4 mailles à la bande. Faites un rétréci avec la dernière maille de la bande et la 1ʳᵉ maille du cou-de-pied, de même l'autre côte la dernière du cou-de-pied et la 1ʳᵉ de la bande, et faites un tour uni, faites cela 7 fois, puis 2 tours unis et un rétréci. Faites de même 7 fois, puis 3 tours et rétrécis jusqu'à ce qu'il vous reste 85 mailles.

Tricotez 90 tours unis, faites le tricot double, inutile d'augmenter le nombre de mailles. Tricotez 10 tours et commencez à fermer votre pied.

Passez la moitié de vos mailles (cou-de-pied ou talon) sur 1 aiguille, l'autre moitié sur 2 aiguilles.

Tricotez 4 mailles et faites 1 rétréci, faites de même à la fin de l'aiguille, rétrécir avant les 4 dernières mailles à la 2e *Aiguille*. Tricotez 4 mailles et rétrécir. — A la 3e *Aiguille*. Rétrécir avant les 4 dernières mailles. Tricotez un tour uni. Faites de même jusqu'à ce qu'il vous reste 24 mailles. Fermez comme à la chaussette fig. n° 22.

Cette chaussette à 27 centimètres de long du talon au bout du pied.

Texte n° 7. — Bas.

Je ne vous écrirai pas un bas de femme car toutes les femmes ne portent pas des bas de la même longueur, pourtant je veux vous guider pour faire la jambe autant que je le puis. Le pied de la chaussette d'homme est un pied qui chausse 38 à 39. Il peut vous guider pour vos bas.

Montez un nombre de mailles avec 2 fils et 1 aiguille, faites 40 ou 50 tours de côtes par 2 mailles à l'endroit, 2 mailles à l'envers. Augmentez dans le 1er tour à l'endroit de 12 mailles et tricotez jusqu'à ce que vous ayez un carré parfait ne comptant pas les côtes, si vous portez des bas dépassant beaucoup les genoux, il faut faire cette partie plus haute, alors je n'ai plus de dimension à vous donner; pour le mollet vous devez diminuer la moitié de vos mailles et la longueur du mollet doit être la largeur du haut du bas, il faut compter vos mailles et voir combien vous devez tricoter de tours sans diminuer; généralement c'est 2, 3 ou 4 tours. Il en est de même du bas de la jambe, vous tricotez jusqu'à ce que vous ayez un carré; alors vous commencez le pied.

Ce sont généralement les mesures d'un bas, mais il est difficile d'indiquer le nombre de mailles, les personnes jeunes ont la jambe plus fine, les plus âgées l'ont plus grosse surtout les personnes qui travaillent debout.

Texte n° 8. — Tricot à jours tricoté.

Montez un nombre de mailles à la longueur de votre travail avec 2 fils et 1 aiguille. Laine en pente, 9 fils, aiguille n° 18.— 1re *Aiguille*. 1 maille à l'envers, 1 maille à l'endroit. — 2e *Aiguille*. 1 maille à l'endroit, 1 maille à l'envers. — 3e *Aiguille*. 1 maille à l'envers, 1 maille à l'endroit. — 4e *Aiguille*. 1 jeté, 1 rétréci jusqu'à la fin. — 5e *Aiguille*. Tricotez une maille à l'envers avec le jeté et 1 maille à l'endroit sur le rétréci. Tricotez la 2e et la 3e *Aiguille* et faites les jetés et les rétrécis. Il faut que les rétrécis se trouvent bien au-dessus les uns des autres, et les mailles à l'endroit et à l'envers sont toujours contrariées.

Ce petit dessin est facile, il fait des châles et même des jupons solides.

Fig. N° 25. — **Tricots Laine à jours.**

Montez un nombre de mailles à la longueur de votre travail avec 2 fils Il faut tricoter les mailles à l'endroit sur les rétrécis et les mailles à l'envers

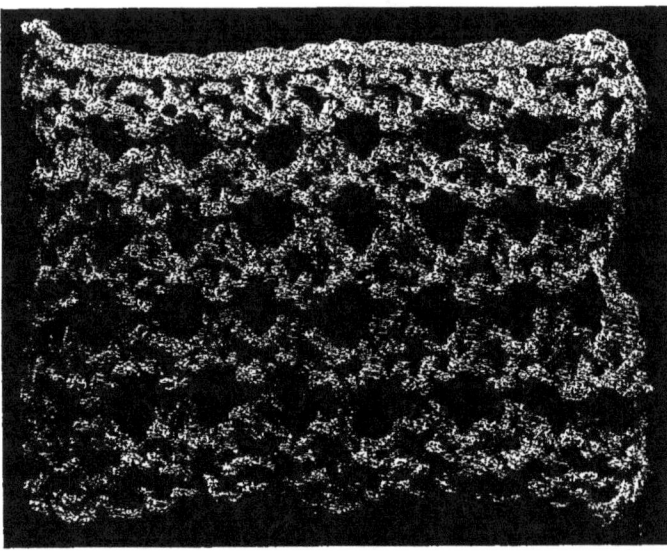

et 1 aiguille. — 1re *Aiguille*. 1 maille à l'endroit, 1 maille à l'envers. — 2e *Aiguille*. 1 maille à l'envers, 1 maille à l'endroit. — 3e *Aiguille*. 1 jeté, 1 rétréci jusqu'à la fin. — 4e *Aiguille*. sur les jetés. — 5° *Aiguille*. Comme la 2e. — 6e *Aiguille*. 1 rétréci, 1 jeté, jusqu'à la fin, il est important que les jours se contrarient.

Fig. N° 26. — **Tricot épais pour Couverture.**

Montez un nombre de mailles divisibles par 4 avec 2 fils et 1 aiguille. Il faut 2 teintes de laine. — 1ʳᵉ *Aiguille.* 3 mailles unies, 3 mailles dans la suivante jusqu'à la fin. — 2° *Aiguille.* Unies. — 3ᵉ *Aiguille.* 3 mailles unies, 3 mailles dans la suivante, 3mdls, 3mdls, abrégé de maille dans la

suivante. — 4° *Aiguille.* Unie. — 5° *Aiguille.* 1 maille unie, changez de laine pour la maille suivante et faites-la unie, changez de laine, 1 rétréci,

1 maille à l'endroit, 1 rétréci, 1 rétréci, recommencez 1 unie. — 6e *Aiguille*. Unie mais tricotez les couleurs les unes au-dessus des autres. — 7e *Aiguille*. 1 maille unie, 3 mdl3, 1 unie, 1 rétréci, 1 unie, 1 rétréci. — 8e *Aiguille*. Unie. — 9e *Aiguille*. 1 unie, 3 mdls, 3 mdls, 3 mdls, 1 unie, 3 mdls. — 10e *Aiguille*. Unie et recommencez à la 5e *Aiguille*.

Ce tricot forme relief, il ne faut pas tirer sur la laine qui passe en dessous.

Fig. N° 27. — Tricot laine à jours.

Montez un nombre de mailles divisibles par 3 plus 2 mailles pour les lisières dont on ne parle jamais. — 1re *Aiguille.* 1 maille unie, 1 jeté, 3 mailles unies, rabattre la 1re maille que vous avez tricotée sur les 2 mailles suivantes et vous recommencerez 1 jeté, 3 mailles jusqu'à la fin de l'aiguille. — 2e *Aiguille.* A l'envers. — 3e *Aiguille.* 2 mailles unies, 1 jeté, 3 mailles unies, rabattre la 1re maille sur les 2 suivantes. — 4e *Aiguille.* A l'envers, — 5e *Aiguille.* 3 mailles unies, 1 jeté, 3 mailles unies, rabattre la 1re maille sur les 2 suivantes. — 6e *Aiguille.* A l'envers.

C'est toujours la maille qui précède le jeté, le jeté et la maille qui suit qui se tricotent unis et qui se rabattent; il faut tricoter la 1re maille assez lâche afin de pouvoir la rabattre facilement et ne pas resserrer l'ouvrage.

Ce tricot est très joli, mais il faut le faire très régulièrement.

Fig. N° 28. — Tricot Boules.

Montez un nombre de mailles divisible par 4. — 1re *Aiguille.* 3 mailles dans la 1re, 1 maille unie, 1 rétréci,

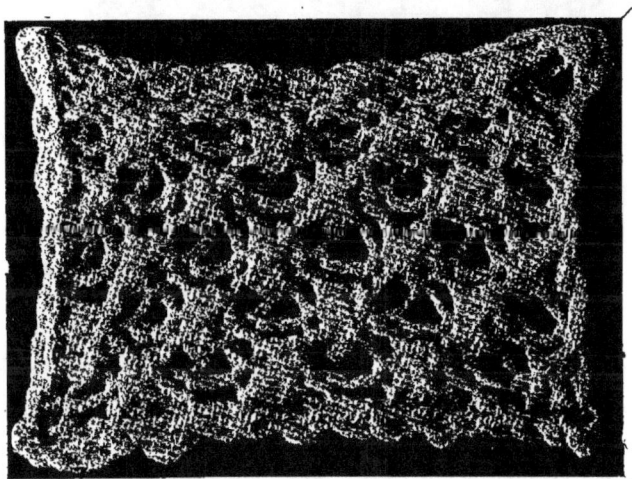

rabattre la maille qui est devant le rétréci. — 2e *Aiguille.* Unie. — 3e *Aiguille.* 1 maille unie, 1 rétréci, rabattre la maille qui est devant le rétréci, 3 mailles dans la maille suivante.

Pour faire 3 mailles dans 1, vous tricotez 1 maille à l'endroit, 1 maille à l'envers et 1 maille à l'endroit. Vous faites de même quand il y a 7 ou 8 mailles.

Ce petit tricot est joli et léger.

Fig. N° 29. — Chausson quadrillé tricoté.

Montez 53 mailles laine en pente, 4 fils, aiguilles n° 18. — Cet ouvrage se monte avec 2 fils et 1 aiguille. Les carrés se font par 3 mailles à l'endroit, 3 mailles à l'envers. Tricotez 4 aiguilles de même et vous intercalez les fait 5 carrés; faites 1 jet. 1 ret. tout le tour, et recommencez les carrés, terminez votre chausson par une petite dentelle à la dernière aiguille, ajoutez 4 mailles. Tricotez 2u, 2j, 1u, 1r, retournez l'ouvrage et le reste uni; il faut

carrés. Tricotez 3 mailles à l'endroit, au-dessus des 3 mailles à l'envers, il faut veiller à ce que votre dessin soit bien l'un au-dessus de l'autre. Il ne faut pas que les rétrécis du cou-de-pied le dérange. Nous ne parlerons plus du dessin.

Tricotez 10 aiguilles et commencez le dessin à la 3º *Aiguille*, diminuez en prenant 3 mailles ensemble au milieu de votre ouvrage, cela toutes les 2 aiguilles jusqu'à ce que vous ayez dans les 2 jetés, faire 1 maille à l'endroit, une maille à l'envers. Il faut, en retournant votre ouvrage, prendre la dernière de la dentelle avec 1 maille et quelquefois 2 mailles et les tricoter ensemble. Il ne faut pas que la dentelle gode ni resserre. — 2º *Aiguilles*, 6 unies et retournez l'ouvrage. — 3º *Aiguilles*, fermez 2 mailles, 4 unies et retournez l'ouvrage. Lorsque vous prenez les 2 mailles ensemble, il faut tordre vos mailles, c'est plus joli.

Fig. N° 30. — Chausson tricoté Nid d'Abeilles.

Ce petit dessin est la fig. n° 12 du cours élémentaire. Montez 51 mailles avec 2 fils et 1 aiguille, laine, 4 fils, aiguille n° 16. Il faut faire attention à cause des rétrécis et des rélargis. Tricotez 7 aiguilles pour la semelle, tricotez toujours à l'endroit.

Tricotez à partir de la pointe du pied, tricotez 9 mailles, retournez l'ouvrage, tricotez 19 mailles, retournez l'ouvrage, tricotez 4 mailles plus loin chaque fois que vous retournerez, 6 fois après, tricotez-les toutes. Lorsque vous avez tricoté sur le cou-de-pied 5 aiguilles, prenez les 5 mailles du milieu et rétrécissez de chaque côté, le 1er de gauche à droite, le 2e de droite à gauche. Vous rétrécissez toutes les 2 aiguilles, au commencement et à la fin de la 10e aiguille, derrière le talon, il faut rétrécir 1 maille toutes les 2 aiguilles; il faut le faire 3 fois. Il ne faut plus rétrécir sur le pied, quand vous n'aurez plus que 37 mailles.

A votre 19e aiguille. Tricotez 1 j, 1 r, toute l'aiguille et tricotez 4 aiguilles unies.

24e *Aiguille* 1 m, augmentez 1 maille au commencement et 1 à la fin, 25, 26

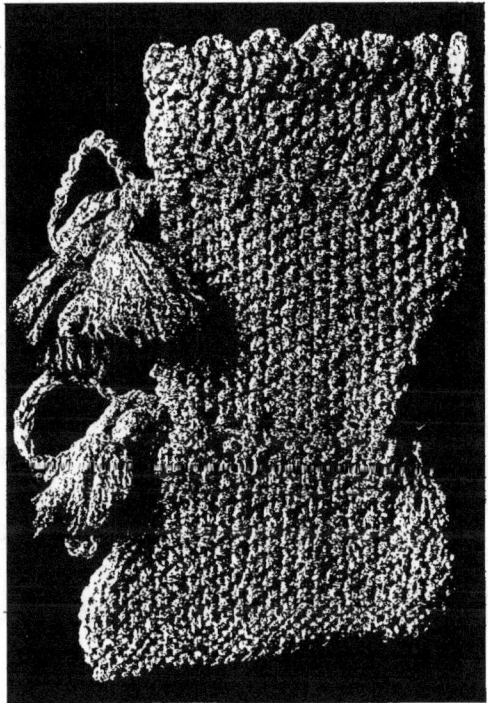

27, 28, 29e *Aiguille* unies; 30e augmentez, 31, 32e *Aiguille,* unies, 33e *Aiguille,* augmentez. Tricotez 10 aiguilles, à la 11e tricotez 1 jeté, 1 rétrécis, toute l'aiguille, tricotez 3 aiguilles et fermez en tricotant une dentelle.

Vous pouvez aussi fermer avec des brides et le petit picot.

Faites des pompons et une chaînette pour passer dans les troutrous. Ou bien, passez un ruban, ce qui est plus élégant, mais moins pratique.

Fig. N° 31. — Chausson tricoté avec deux Teintes de Laine (texte n° 2).

Laine en pente 3 fils, aiguille n° 14, pour les semelles et aiguilles n° 13 pour le petit chausson qui est très chaud et élégant comme forme, facile à faire.

Semelle tricot double, montez 6 mailles, augmentez à toutes les aiguilles. (Voir semelle pour intérieur de chaussure fig n° 32), jusqu'à ce que vous ayez 21 mailles. Tricotez 11 aiguilles par 21 mailles. Diminuez au milieu de l'ai-

Cette petite semelle peut servir dans l'intérieur des chaussures d'enfant. Vous n'avez qu'à l'augmenter de longueur et de largeur. Voir texte n° 2 pour le travail suivant :

Tricotez 11 mailles à partir de la maille du milieu du talon, relevez les autres sur la semelle en faisant des côtes, retournez l'ouvrage, tricotez 23 mailles, retournez l'ouvrage, tricotez

guille. 1 maille de chaque côté. (Vous prenez 2 mailles à l'endroit laissant la maille à l'envers qui est au milieu. Vous la reprenez sur votre aiguille quand la diminution est faite.) Faites cela jusqu'à ce qu'il vous reste 11 mailles. Tricotez 5 aiguilles par 11 mailles, augmentez 1 maille de chaque côté et tricotez 1 aiguille, faites cela jusqu'à ce que vous ayez 17 mailles. Tricotez 4 aiguilles, diminuez au commencement et à la fin de l'aiguille 1 maille, finissez votre aiguille. Diminuez à chaque aiguille, jusqu'à ce qu'il vous reste 9 mailles en retournant l'aiguille, diminuez 1 maille au milieu de l'aiguille.

5 mailles plus loin, retournez l'ouvrage, allez au bout du pied, au milieu il faut tricoter 2 mailles à l'envers, de ce milieu tricotez 12 mailles, retournez l'ouvrage, tricotez 26 mailles, retournez l'ouvrage, allez 5 mailles plus loin, diminuez sur le cou-de-pied, 1 maille de chaque côté tous les 2 tours, retournez 3 fois, relevez les mailles qui restent au bord de la semelle ; il ne faut prendre que la demi maille et tricotez tout le tour du chausson. Lorsque vous avez derrière le talon 9 mailles de haut, diminuez 1 maille de chaque côté de la maille à l'envers qui est au milieu, cela tous les deux tours et vous continuez

toujours ceux du cou-de-pied. Il faut diminuer 4 fois, tricotez 2 tours en ne diminuant que sur le cou-de-pied chaque tour.

Le tour suivant, tricotez 1 rétréci, 2 jetés, 1 rétréci, 1 maille à l'endroit, faites cela tout le tour. Le tour suivant, vous recommencez les côtes, il faut veiller à tricoter 1 maille à l'endroit et 1 maille à l'envers dans les 2 jetés. Il faut faire 7 tours de côtes et fermer avec les 2 laines. Vous prenez 2 mailles ensemble puis 2 mailles ensemble et passez la maille d'avant sur cette dernière il ne faut pas serrer ces mailles afin qu'elles restent assez souples.

Pour terminer cette tige de chausson, vous pouvez la monter plus haute et la terminer avec une des dentelles de laine, soit tricot, soit crochet. Celui-ci est terminé par 2 rangs de points de marguerite rose et 3 rangs de blanc qu'il faut faire à l'envers de votre ouvrage pour les rabattre sur l'endroit; terminez par le petit picot, vous piquez dans le milieu d'une marguerite, retirez votre crochet, faites 3 points de chaînette et repiquez dans le même trou.

Faites une chaînette avec les 2 laines et les pompons aussi.

Vous pouvez passer dans vos trous-trous un ruban allant avec la laine qui fait fond, ce qui est peut-être moins pratique, mais plus élégant.

Fig. N° 32. — Semelle pour intérieur de Chaussure.

Tricot double. (Voir le premier texte tricot double.)

Prenez de la laine assez grosse n° 25, 8 fils, ou doublez la laine en pente 3 fils; aiguilles n° 14.

Montez 8 mailles. — Augmentez au commencement de chaque aiguille quoique dans ce travail il faille deux aiguilles pour n'en faire qu'une; toutes les fois qu'il faut augmenter, il faut faire de même, parce que l'on ne peut pas augmenter à la fin de l'aiguille, faites cela jusqu'à ce que vous ayez 26 mailles. Tricotez 4 aiguilles (l'aller et le retour ne font qu'une aiguille dans les aiguilles unies et celles où l'on rétréci), augmentez une maille de chaque côté. — Tricotez 4 aiguilles et augmentez. — Tricotez 4 aiguilles et augmentez. — Tricotez 4 aiguilles et augmentez. — Tricotez 4 aiguilles et augmentez. — Tricotez 4 aiguilles et augmentez. Vous devez avoir 36 mailles. Tricotez 2 aiguilles, diminuez 1 maille de chaque côté de l'aiguille, le retour uni. Faites cela jusqu'à ce qu'il vous reste 24 mailles. Tricotez 11 aiguilles, augmentez 1 maille de chaque côté. —

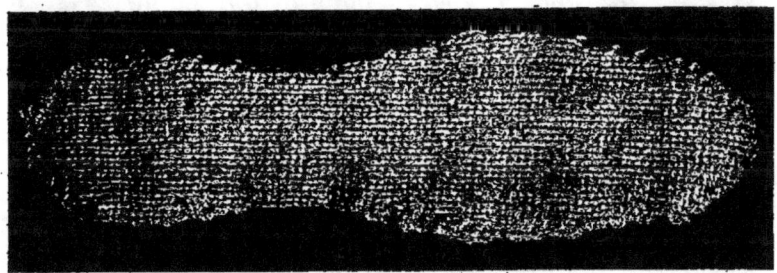

Tricotez 3 aiguilles, augmentez à la 4e aiguille. — Tricotez 3 aiguilles, augmentez à la 4e aiguille. — Tricotez 10 aiguilles, diminuez 1 maille au commencement et 1 à la fin de l'aiguille jusqu'à ce qu'il vous reste 20 mailles, diminuez 4 mailles aux 2 aiguilles suivantes et en retournant la dernière aiguille diminuez 1 maille au commencement et à la fin. Fermez.

Cette semelle est très chaude, douce et facile à tenir propre, elle peut se faire avec de la laine de même couleur que l'intérieur des chaussures. La dimension est pour les pointures 38 et 39.

Fig. N° 33. — Chaussons de Nuit pour Grande Personne.

Laine en pente 3 fils ou en pelot. n° 25, 5 fils. Aiguilles n° 14.

Semelle. Montez 8 mailles. — Vous aurez 18 mailles. Tricotez 6 aiguilles, augmentez comme à la 1re aiguille. — Tricotez 7 aiguilles, augmentez. — Tri-

tricotez toujours des mailles à l'endroit. Augmentez 1 maille après la 2e et 1 maille avant les 2 dernières, l'aiguille suivante unie. Faites cela 5 fois. Vous cotez 7 aiguilles, augmentez. — Tricotez 20 aiguilles, diminuez, comme vous avez augmenté. — Tricotez 8 aiguilles, diminuez. — Tricotez 8 aiguilles, diminuez. — Tricotez 8 aiguilles, diminuez. — Tricotez 8 aiguilles, diminuez. — Tricotez 10 aiguilles, augmentez. — Tricotez 6 aiguilles, augmentez. — Tricotez 6 aiguilles, augmentez. — Tricotez 2 aiguilles, diminuez. — Tricotez 2 aiguilles, diminuez. Faites de même jusqu'à ce qu'il vous reste 12 mailles.

Relevez autour de la semelle en tricotant sur le fil de la dernière maille prise par derrière des côtes 1 maille à l'endroit, 1 maille à l'envers, mais au milieu du talon et sur le cou-de-pied, il faut faire 2 mailles à l'envers. Il faut que vous ayez 152 mailles. Faites sur le cou-de-pied avant et après les 2 mailles à l'envers 1 diminution tous les 2 tours.

Tricotez 16 mailles, retournez l'ouvrage. — Tricotez 16 mailles, les 2 mailles du milieu qui de ce côté se font à l'endroit, après tricotez 16 mailles, retournez l'ouvrage. — Tricotez 14 mailles, faites 1 diminution, 2 mailles à l'envers, 1 diminution et tricotez les 14 mailles plus 5 mailles plus loin, retournez l'ouvrage et tricotez 5 mailles plus loin que vous avez tricoté, faites cela jusqu'à ce que vous arriviez à la dernière diminution de la 1re partie de la semelle. Vous devez retourner de chaque côté 5 fois; il ne faut oublier les diminution du cou-de-pied. Tricotez 14 mailles plus loin que les mailles à l'envers qui se trouvent derrière le talon, retournez l'ouvrage, faites-en autant de l'autre côté en revenant, tricotez 5 mailles plus loin et faites l'autre côté de même. Vous retournez 2 fois de chaque côté. Tricotez tout le tour. Lorsque vous avez 24 mailles de haut derrière le talon, diminuez tous les 2 tours 8 mailles de chaque côté de vos 2 mailles à l'envers ne diminuez plus derrière le talon mais toujours sur le cou-de-pied. Quand il vous reste 82 mailles, faites un tour à l'envers. Faites au tour suivant 2 jeté, 1 rétréci, 1 maille unie, 2 rétrécis, puis un tour à l'envers. Ceci est fait pour passer une chaînette. Tricotez les côtés, faites 20 tours, à la fin ajoutez 6 mailles pour faire une petite dentelle. Vous augmentez 1 maille au commencement de chaque aiguille et lorsque vous avez 10 mailles vous augmentez encore 1 maille au pied de la dernière maille (c'est pour faire la dent très pointue), fermez 5 mailles.

En tricotant la dentelle vous prenez la dernière maille avec 1 maille de votre chausson, et quelquefois vous en prenez 2. Vous prenez ces mailles tordues. Faites une chaînette et des pompons et passez votre chaînette dans le troutrou que vous avez fait.

Fig. No 34. — Mitaines pour Femme.

Laine n° 25, 5 fils, aiguille n° 11. — Cette mitaine se commence du côté des doigts. Montez 18 mailles sur 3 aiguilles et tricotez cylindriquement. Faites des côtes tordues. Sur 3 autres aiguilles montez 22 mailles pour le pouce et 54 pour la main et tricotez 17 tours, augmentez 1 maille et 1 maille à la fin, faites le tour suivant sans augmentation et augmentez encore de 2 mailles. Ajoutez le pouce aux 35 tours de la main, mettez la moitié sur 1 aiguille et l'autre moitié sur la suivante.

Tricotez 40 tours, ajoutez 12 mailles sur votre aiguille. Tricotez la dentelle fig. n° 19. Si vous préférez vous pouvez finir votre poignet en faisant des côtes. Vous pouvez aussi diminuer des mailles après avoir tricoté 10 tours après le pouce, diminuez 1 maille tous les 2 tours dans l'intérieur de la main, mais suivez toujours la même côte. Vous pouvez diminuer 10 à 12 mailles. Vous ferez bien aussi d'essayer votre mitaine, tout le monde n'ayant pas la même longueur de main.

Fig. N° 35. — Bas d'Enfant.

Laine en pente 3 fils, aiguilles n° 15. — Montez avec 2 fils et 1 aiguille, 60 mailles sur 3 aiguilles. Faites la côte simple 25 tours, augmentez de 10 mailles, tricotez 1 maille à l'endroit, 1 maille à l'envers, faites 2 tours de même, au 3e tour vous tricotez 1 maille à l'envers et 1 maille à l'endroit et le 4e tour de même et recommencez. Tricotez la hauteur que vous voulez, cela dépend comme vous voulez que le bas monte haut. Celui-ci a 36 dessins, 20 centimètres y compris les côtes. Rétrécissez de chaque côté du point de couture, tricotez 3 tours sans rétrécir, faites de même jusqu'à ce qu'il vous reste 58 mailles. Rétrécissez tous les 2 tours jusqu'à ce qu'il vous reste 50 mailles.

Faites 9 dessins sans rétrécir. Le bas de la jambe a 14 centimètres de tour pour le carré, les 9 dessins font 7 centimètres. Prenez sur 1 seule aiguille 25 mailles pour faire la bande du talon, il faut changer d'aiguilles, prendre du n° 12, et tricoter sans faire de dessin, la bande se fait 1 aiguille à l'en-

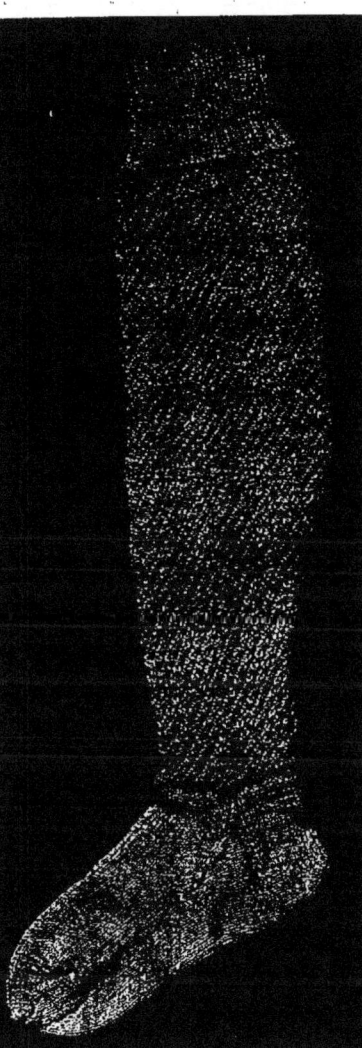

droit, 1 aiguille à l'envers, il ne faut pas tricoter les lisières. Faites 24 aiguilles, à la 25e aiguille tricotez 4 mailles plus loin que le point de couture et retournez l'ouvrage. — Tricotez 9 mailles retournez l'ouvrage. — Tricotez 10 mailles, retournez, faites de même jusqu'à ce qu'il vous reste 4 mailles. Alors vous prenez la dernière maille que vous avez tricotée avec la première qui ne l'a pas été et vous retournez. Vous faites de même jusqu'à ce qu'il ne vous reste plus de mailles. Relevez 12 mailles sur les lisières. Prenez la dernière de la bande avec la 1re du cou-de-pied pour former 1 rétréci, puis la dernière du cou-de-pied avec la 1re de la bande et relevez 11 mailles, 2e tour de même, 3e tour uni, 4e tour rétrécir, 5e tour uni, 6e tour rétrécir, 7e tour uni, 8e tour rétrécir, 9e tour uni, 10e tour rétrécir, 11e tour uni, 12e tour rétrécir, 13e tour uni, 14e tour rétrécir, 15e tour uni, 16e tour rétrécir, 17e, 18e tours uni, 19e tour rétrécir, faire de même jusqu'à ce qu'il ne vous reste que 54 mailles et 14 centimètres de tour, la moitié est de 7 centimètres ; il faut tricoter 7 centimètres unies avant de commencer à fermer le bout du pied. Mettre sur l'aiguille du côté du talon 27 mailles. Lorsqu'il vous reste 4 mailles prenez 2 ensemble, 2 unies, sur l'autre aiguille tricotez 2 unies et 2 ensemble, sur la 3e aiguille lorsqu'il vous reste 4 mailles prenez 2 ensemble, 2 unies, puis sur la 1re aiguille 2 unies, 2 ensemble. Faites un tour uni et faites les rétrécis, toujours les uns au-dessus des autres jusqu'à ce qu'il vous reste 16 mailles, prenez 2 ensemble, 1 maille sur chaque aiguille, puis 2 ensemble, rabattez la maille précédente sur la 2e maille, faites de même jusqu'à la fin. Ce pied a 18 centimètres.

Fig. N° 36. — Brassière 1re Taille. Crochet 1er Age.

Ce travail est le crochet tunisien pris dans la bouclette laine 3 fils crochet n° 21. (Voir *Manuel de tricot*, fig. n° 101). Chaînette 35 points, relevez et coulez, faites 6 rangs, ajoutez 1, 2, 2, points dans 3 rangs pour l'encolure, faites 6 rangs pour l'épaule, fermez 15 points, faites 3 rangs, ajoutez 15 points, faites 6 rangs, fermez 2, 2, 2, dans 3 rangs pour l'encolure, faites 7 rangs ajoutez 2, 2, 2, dans 3 rangs, faites 6 rangs, fermez [15 points, faites 3 rangs, ajoutez 15 points, faites 6 rangs, fermez 2, 2, 1 points dans 3 rangs, faites 6 rangs, fermez.

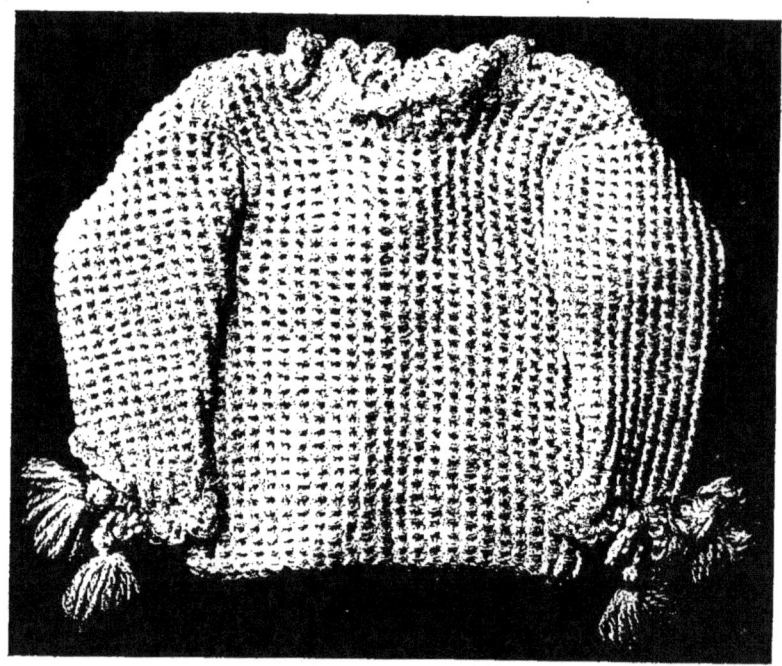

MANCHES CHAINETTE 25 POINTS.

Relevez et coulez 5 points, augmentez 1 point, relevez 10 points, coulez augmentez 1 point, relevez et coulez 15 points, augmentez 1 point, relevez 20 points, coulez augmentez

1 point, relevez et coulez tous les points, faites 15 rangs, diminuez et relevez les points comme vous avez commencé.

Faites au cou et aux poignets 1 rang de brides et le petit picot du *Manuel de tricot*, page 106, faites des pompons pour passer dans la chaînette. Ce point est celui qui se défait le moins lorsqu'on le lave.

Texte n° 9. — Brassière 2ᵉ taille. Chaînette 45 points.

Faites 10 rangs, augmentez de 5 points dans 3 rangs, faites 7 rangs, fermez 18 points, faites 4 points, augmentez 18 points, faites 7 rangs, fermez 6 points dans 3 rangs, faites 11 rangs, augmentez de 6 points dans 3 rangs, faites 7 rangs, fermez 18 points, faites 4 rangs, augmentez 18 points, faites 7 rangs, fermez 5 points dans 3 rangs, faites 10 rangs fermez.

MANCHES CHAINETTE 36 POINTS.

Relevez 5 points et coulez, augmentez 1 point, relevez 10 points et coulez, augmentez 1 point, relevez 15 points et coulez, augmentez 1 point, relevez 20 points et coulez, augmentez 1 point, relevez 25 points et coulez, augmentez 1 points, relevez 30 points et coulez, augmentez 1 point, relevez et coulez tout, terminez la manche comme vous l'avez commencée, terminez cette brassière comme celle de la 1ʳᵉ taille.

Fig. N° 37. — Brassière tricotée.

Tricot 2ᵉ côte petit piqué (fig. n° 94 du *Manuel de tricot*).

Cette brassière est pour un enfant de 2 ans, laine en pente 3 fils, aiguille n° 16.

Montez avec 2 fils et 1 aiguille 160 mailles. — Faites 30 fois le dessin et commencez le 1ᵉʳ côté. Tricotez à l'envers de la brassière 46 mailles. — 1ʳᵉ *Aiguille*. Fermez 6 mailles en retournant l'ouvrage. — 2ᵉ *Aiguille*. A l'endroit. — 3ᵉ *Aiguille*. Les côtes. — 4ᵉ *Aiguille*. A l'endroit. — 5ᵉ *Aiguille*. Fermez 1 maille et faites les côtes, faites 11 fois le dessin. — 28ᵉ *Aiguille*. Fermez 9 mailles et rétrécissez à la fin. — 29ᵉ *Aiguille*. Fermez 1 maille et faire les côtes. — 30ᵉ *Aiguille*. Fermez 1 maille et rétrécissez à la fin. 31ᵉ *Aiguille*. Fermez 1 maille et faites les côtes. — 32ᵉ *Aiguille*. Fermez 1 maille et rétrécissez à la fin. — 33ᵉ *Aiguille*. Fermez 3 mailles, faites les côtes et rétrécissez à la fin. — 34ᵉ *Aiguille*. Rétrécissez à la fin. — 35ᵉ *Aiguille*. Fermez 2 mailles, faites les côtes et rétrécissez à la fin. — 36ᵉ *Aiguille*. Fermez 1 maille et rétré- cissez à la fin. — 37ᵉ *Aiguille*. Fermez 3 mailles, faites les côtes. — 38ᵉ *Aiguille*. Fermez 1 maille et faites 1 rétréci à la fin. — 39ᵉ *Aiguille*. Fermez 3 mailles. — 40ᵉ *Aiguille*. Fermez.

DEUXIÈME COTE.

Tricotez du côté de l'envers 46 mailles, fermez en commençant 6 mailles. — 2ᵉ *Aiguille*. Faites les côtes. — 3ᵉ *Aiguille*. A l'endroit. — 4ᵉ *Aiguille*. Faites les côtes. — 5ᵉ *Aiguille*. Fermez 1 maille et à l'endroit, tricotez 11 fois le dessin. — 28ᵉ *Aiguille*. Fermez 9 mailles, faites les côtes et rétrécissez à la fin. — 29ᵉ *Aiguille*. Fermez 1 maille. — 30ᵉ *Aiguille*. Fermez 1 maille, faites les côtes et rétrécissez à la fin. — 31ᵉ *Aiguille*. Fermez 1 maille. — 32ᵉ *Aiguille*. Fermez 3 mailles, faites les côtes et rétrécissez à la fin. — 33ᵉ *Aiguille*. Fermez 1 maille et rétrécissez à la fin. — 34ᵉ *Aiguille*. Fermez 1 maille, faites les côtes et rétrécissez à la fin. — 35ᵉ *Aiguille*. Fermez 2 mailles et rétrécissez à la fin. — 36ᵉ *Aiguille.* Faites les côtes et rétrécissez à la fin. — 37ᵉ *Aiguille.* Fermez 3 mailles. — 38ᵉ Fermez 1 maille et rétrécissez à la fin. — 39ᵉ *Aiguille.* Faites 1 rétréci à la fin. — 40ᵉ *Aiguille.* Fermez.

DEVANT DE LA BRASSIÈRE.

29ᵉ *Aiguille.* Fermez 1 maille au commencement. — 30ᵉ *Aiguille.* Faites les côtes et rétrécissez à la fin. — 31ᵉ *Aiguille.* Faites 1 rétréci, le reste à l'endroit. — 32ᵉ *Aiguille.* Faites les côtes. — 33ᵉ *Aiguille.* A l'endroit. — 34ᵉ *Aiguille.* 1 rétréci à la fin. — 35ᵉ *Aiguille.* Laissez 6 mailles, re-

Commencez à l'envers de la brassière, attachez le fil à la 1ʳᵉ maille que vous avez fermée et fermez 1 maille, tricotez à l'endroit, prenez la dernière maille avec la 1ʳᵉ que vous avez fermée. — 2ᵉ *Aiguille.* Fermez 1 maille et faites les côtes, faites 1 rétréci à la fin. — 3ᵉ *Aiguille.* A l'endroit. — 4ᵉ *Aiguille.* Faites les côtes. — 5ᵉ *Aiguille.* Fermez 2 mailles, tricotez à l'endroit et fermez 1 maille à la fin. — 6ᵉ *Aiguille.* 1 rétréci et faites les côtes, tricotez 26 aiguilles. A la 27ᵉ *Aiguille*, tricotez 25 mailles, fermez 12 mailles. — 28ᵉ *Aiguille.* Rétrécissez 1 maille à la fin. —

tournez l'ouvrage, faites les côtes, retournez l'ouvrage, 1 rétréci. Vous laissez les mailles sur l'aiguille pour les fermer toutes ensemble. Vous retournez l'ouvrage et rétrécissez jusqu'à ce qu'il vous reste 12 mailles, alors vous fermez. Reprenez près du cou, fermez 1 maille e faites les côtes. — 29ᵉ *Aiguille.* A l'endroit. — 30ᵉ *Aiguille.* Fermez 1 maille et les côtes. — 31ᵉ *Aiguille.* A l'endroit, 1 rétréci à la fin. — 32ᵉ *Aiguille.* Faites les côtes, 1 rétréci à la fin — 33ᵉ *Aiguille.* A l'endroit — 34ᵉ *Aiguille.* Faites les côtes jusqu'aux 6 dernières mailles, retournez l'ouvrage et à l'endroit faites les côtes jusqu'aux 14e mailles, retournez l'ouvrage et à l'endroit faites de même jusqu'à ce qu'il ne vous reste que 12 mailles, fermez-les toutes.

MANCHE.

Montez 40 mailles avec 2 fils et 1 aiguille n° 16. Tricotez 20 aiguilles de côtes simples, changez les aiguilles pour du n° 18, faites 6 fois le dessin, augmentez 1 maille au commencement et à la fin, faites 3 fois le dessin ce qui fait 6 aiguilles et augmentez, faites 3 fois le dessin et augmentez, faites 3 fois le dessin et augmentez, faites 5 fois le dessin et augmentez, faites 10 fois le dessin. Lorsque vous avez fait 30 fois le dessin fermez du côté du dessin au commencement de l'aiguille 4 mailles et 1 à l'aiguille suivante. — 3e *Aiguille*. Fermez 2 mailles et 1 à l'aiguille n° 4. — 5e *Aiguille*. Fermez 2 mailles et 1 maille à l'aiguille n° 6. — 7e *Aiguille*. Fermez 2 mailles et 1 à l'aiguille n° 8. — 9e *Aiguille*. Fermez 2 mailles et 1 à l'aiguille n° 10. — 11e *Aiguille*. Fermez 1 maille et 1 à l'aiguille n° 12. — 13e *Aiguille*. Fermez 1 maille et 1 maille à l'aiguille n° 14. — 15e *Aiguille*. Fermez 2 mailles et 1 à l'aiguille n° 16. — 17e *Aiguille*. Fermez 2 mailles et 2 mailles à l'aiguille n° 18. — 19e *Aiguille*. Fermez toutes.

DEUXIÈME MANCHE.

Faites la manche de même que la 1re jusqu'à ce que vous ayez 30 dessins. Fermez 1 maille au commencement de l'aiguille, fermez 4 mailles. — 3e *Aiguille*. Fermez 1 maille. — 4e *Aiguille*. Fermez 2 mailles. — 5e *Aiguille*. Fermez 1 maille. — 6e *Aiguille*. Fermez 2 mailles. — 7e *Aiguille*. Fermez 1 maille. — 8e *Aiguille*. Fermez 2 mailles. — 9e *Aiguille*. Fermez 1 maille. — 10e *Aiguille*. Fermez 2 mailles. — 11e *Aiguille*. Fermez 1 maille. — 12e *Aiguille*. Fermez 2 mailles. — 13e *Aiguille*. Fermez 1 maille. — 14e *Aiguille*. Fermez 1 maille. — 15e *Aiguille*. Fermez 2 mailles. — 16e *Aiguille*. Fermez 1 maille. — 17e *Aiguille*. Fermez 2 mailles. — 18e *Aiguille*. Fermez 1 maille. — 19e *Aiguille*. Fermez toutes.

La longueur de la manche a 27 centimètres; la brassière, du cou au bas, a 38 centimètres.

Fig. N° 38. — Brassière tricotée pour Enfant de 2 à 3 Ans. Laine en pente 3 Fils Aiguille n° 20.

Faites la dentelle suivante, montez 5 mailles. — 1re *Aiguille*. 2 unies, 2 jetés, 3 unies. — 2e *Aiguille*. 4 mailles unies 1 envers, 3 unies. — 3e et 4e *Aiguilles*, unies. — 5e *Aiguille*. Fermez 2 mailles, le reste uni. — 6e *Aiguille*. Unie.

Cette petite dentelle garnit très bien le lainage dans la layette d'enfant, il faut la mettre tout le tour de la brassière.

Pour cette brassière, faites 17 dents à la 18e dent tricotez 2 unies, 2 jetés, 1 unie, retournez l'ouvrage et uni. — 2e *Aiguille*. 6 unis, retournez l'ouvrage. — 3e *Aiguille*. Fermez 2 mailles, 1 uni, retournez l'ouvrage. — 4e *Aiguille*. 2 unis, 2 jetés, 2 unis, retournez l'ouvrage. — 5e *Aiguille*. 5 unies, retournez l'ouvrage. — 6e *Aiguille* Fermez 2 mailles, 4 unies, relevez sur la lisière de votre dentelle, sur 1 fil seulement, 51 mailles et tricotez 3 mailles à l'endroit, 3 mailles à l'envers, il faut faire 4 aiguilles. A la 5e *Aiguille*, tricotez 3 mailles à l'envers, 3 mailles à l'endroit pour intercaler les carrés. Faites 3 fois le dessin, au 4e dessin augmentez 1 maille au commencement de l'aiguille et 7 mailles à la fin de l'aiguille suivante, faire 3 aiguilles sans augmentation, nous sommes à l'épaule. — 4e *Aiguille*. Fermez 1 maille. — 5e *Aiguille*, unie. — 6e *Aiguille*. Fermez 1 maille. — 7e, 8e, 9e *Aiguilles*, unies. — 10e *Aiguille*. Fermez 1 maille. — 11e *Aiguille*, unie. — 12e *Aiguille*. Fermez 1 maille. — 13e,

14ᵉ, 15ᵉ *Aiguille*, unies. — 16ᵉ *Aiguille*. Fermez 1 maille. — 17ᵉ *Aiguille*, unie. — 18ᵉ *Aiguille*. Fermez 1 maille. — 19ᵉ *Aiguille*, unie. — 20ᵉ *Aiguille*. Fermez 14 mailles. — 21ᵉ *Aiguille*, unie. — 22ᵉ *Aiguille* Fermez

46ᵉ *Aiguille*, unie. — 47ᵉ *Aiguille*. Ajoutez 1 maille. — 48ᵉ *Aiguille*, unie. — 49ᵉ *Aiguille* Ajoutez 1 maille. — 50, 51, 52ᵉ *Aiguilles*, unies. — 53ᵉ *Aiguille*. Ajoutez 1 maille. — 54ᵉ *Aiguille*, unie. — 55ᵉ *Aiguille*.

6 mailles. — 23, 24, 25, 26, 27, 28, 29, 30ᵉ *Aiguilles*, unies. — 31ᵉ *Aiguille*. Ajoutez 6 mailles. — 32ᵉ *Aiguille*, unie. — 33ᵉ *Aiguille*. Ajoutez 14 mailles. — 34, 35ᵉ *Aiguilles*. unies. — 36ᵉ *Aiguille*. Ajoutez 1 maille. — 37ᵉ *Aiguille*, unie. — 38ᵉ *Aiguille*. Ajoutez 1 maille. — 39, 40, 41, 42ᵉ. *Aiguilles*, unies. — 43ᵉ *Aiguille*. Ajoutez 1 maille. — 44ᵉ *Aiguille*, unie. — 45ᵉ *Aiguille*. Ajoutez 1 maille. —

Fermez 2 mailles. — 56ᵉ *Aiguille*, unie. — 57ᵉ *Aiguille*. Fermez 2 mailles. — 58ᵉ *Aiguille*, unie. — 59ᵉ *Aiguille*. Fermez 2 mailles. — 60ᵉ *Aiguille*, unie. — 61ᵉ *Aiguille*. Fermez 1 maille. — 62, 63, 64, 65, 66, 67, 68. 69, 70, 71, 72, 73ᵉ *Aiguilles*, unies. — 74ᵉ *Aiguille*. Ajoutez 1 maille. — 75ᵉ *Aiguille*, unie. — 76ᵉ *Aiguille*. Ajoutez 2 mailles. — 77ᵉ *Aiguille*, unie. — 78ᵉ *Aiguille*. Ajoutez 2 mailles. 79ᵉ *Aiguille*, unie. — 80ᵉ *Aiguille*. Ajoutez 2 mailles. — 81, 82, 83ᵉ *Aiguilles*, unies. — 84ᵉ *Aiguille*. Fermez 1 maille. — 85ᵉ *Aiguille*, unie. — 86ᵉ *Aiguille*. Fermez 1 maille. — 87ᵉ *Aiguille*, unie. — 88ᵉ *Aiguille*. Fermez 1 maille. — 89, 90, 91ᵉ *Aiguilles*, unies. — 92ᵉ *Aiguille*. Fermez 1 maille. — 93ᵉ *Aiguille*, unie. — 94ᵉ *Aiguille*. Fermez 1 maille. — 95ᵉ *Aiguille*, unie. — 96ᵉ *Aiguille*. Fermez 1 maille. — 97, 98, 99ᵉ *Aiguilles*, unies. — 100ᵉ *Aiguille*. Fermez 1 maille. — 101, 102, 103ᵉ *Aiguilles*, unies. — 104ᵉ *Aiguille*. Fermez 14 mailles. — 105ᵉ *Aiguille*, unie. — 106ᵉ *Aiguille*. Fermez 6 mailles. — 107, 108, 109, 110, 111, 112, 113, 114ᵉ *Aiguilles*, unies. — 115ᵉ *Aiguille*. Augmentez 6 mailles. — 116ᵉ *Aiguille*, unie. — 117ᵉ *Aiguille*. Augmentez 14 mailles. — 118, 119ᵉ *Aiguille*. Augmentez 1 maille. — 120ᵉ *Aiguille*, unie. — 121ᵉ *Aiguille*. Augmentez 1 maille. — 122, 123, 124ᵉ *Aiguilles*, unies. — 125ᵉ *Aiguille*. Augmentez 1 maille. — 126ᵉ *Aiguille*, unie. — 127ᵉ *Aiguille*. Augmentez 1 maille. — 128, 129, 130ᵉ *Aiguilles*, unies. — 131ᵉ *Aiguille*. Augmentez 1 maille. — 132ᵉ *Aiguille*, unie. — 133ᵉ *Aiguille*. Augmentez 1 maille. — 134, 135, 136ᵉ *Aiguilles*, unies. — 137ᵉ *Aiguille*. Augmentez 1 maille. — 138ᵉ *Aiguille*, unie. — 139ᵉ *Aiguille*. Fermez 2 mailles. — 140ᵉ *Aiguille*, unie. — 141ᵉ *Aiguille*. Fermez 2 mailles. — 142ᵉ *Aiguille*, unie. — 143ᵉ *Aiguille*. Fermez 2 mailles. Faites 3 fois le dessin et faites le coin de la dentelle comme au commencement, changez d'aiguille pour n° 18, tricotez la dentelle et prenez la dernière maille de la dentelle avec la 1ʳᵉ de la brassière que vous tricotez ensemble. Lorsque toutes les mailles de la brassière sont prises, tricotez 1 dent de la dentelle et faites 1 coin et lorsqu'il est fait, relevez 4 mailles sur le pied de la dentelle pour faire un troutrou. Vous continuez votre dentelle, mais après les 2 jetés vous tricotez 1 maille, 1 rétréci, 2 jetés, 1 rétréci, 1 maille que vous prenez sur le cou de la brassière. Vous faites le troutrou toutes les 4 aiguilles. Lorsque les mailles du cou sont prises, vous faites un coin de la dentelle et quand il est fait vous tricotez une dent et vous prenez les mailles du troutrou avec la dernière maille de la dent. Cassez le fil, prenez avec 1 aiguille 1 maille sur chaque côté de la dentelle.

MANCHES MONTEZ 52 MAILLES.

Tricotez, en faisant le dessin, 6 mailles, retournez l'ouvrage, il faut faire l'augmentation dans le haut de la manche jusqu'à ce que vous ayez 62 mailles, et descendez de 6 mailles jusqu'à ce qu'il vous reste 10 mailles. Cette manche est terminée par la dentelle et le troutrou qui garnit le tour du cou. Vous pouvez la terminer par des mailles à l'endroit des 2 côtés, cela serrera le bas de la manche, ce qui convient mieux pour la grandeur de cette brassière. Lorsque vous avez 9 dents de dentelle remontez, mais en descendant vous laissez chaque fois 6 mailles et vous arrêtez vos rétrécis lorsqu'il vous reste 52 mailles et vous fermez toutes les mailles. Les 2 manches se font de même parce qu'il n'y a pas d'endroit ni d'envers. Pour monter vos manches vous placez la couture à la 6ᵉ maille que vous avez ajouté dans l'emmanchure du côté du devant, garnissez de ruban.

Vous pouvez faire ces brassières avec les petits dessins qui sont dans ce livre.

Fig. 39. — Petit Pantalon remplaçant les Couches anglaises.

Laine en pente 4 fils, aiguille n° 18. Montez 112 mailles avec 2 aiguilles et 1 fil, tricotez 6 aiguilles 1 à l'endroit l'autre à l'envers, prenez les mailles de l'autre jambe de même. Ajoutez au commencement et à la fin des mailles qui vous restent 1 maille et faites les côtes en diminuant toujours 1 maille la 1e *Aiguille*, avec les mailles de la 6e *Aiguille*. — A la 7e *Aiguille*. 1 maille unie 1r,2j,1r, jusqu'à la fin, la 8e *Aiguille*, unie. — 9e *Aiguille*. Faites des côtes au commencement de chaque aiguille. Cousez votre petit pantalon en commençant par la dentelle, la jambe et la pointe, faire de même de l'autre

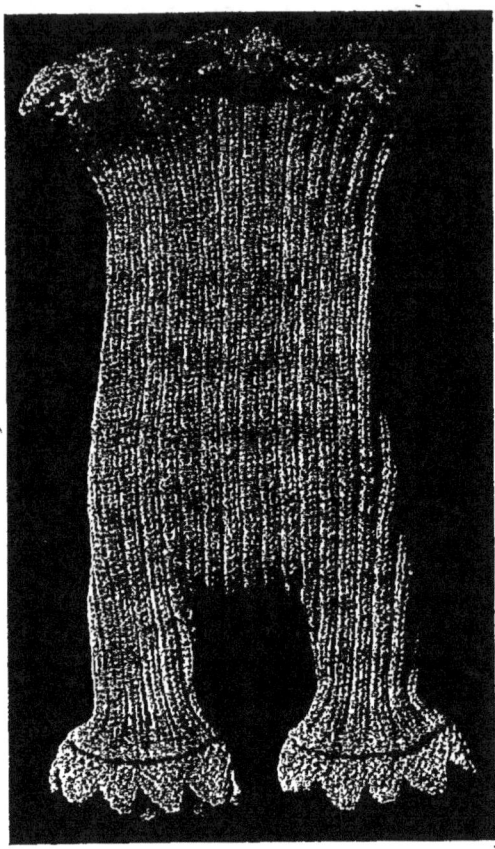

par 2 mailles, tricotez 75 *Aiguilles*. Prenez 44 mailles pour 1 jambe, tricotez. — 22e *Aiguille*. Ajoutez 4 mailles et faites la dentelle (fig. 19), faites jambe, puis fermez le haut.

Faites une chaînette et des pompons que vous passez dans les jours.

JOURS ET DENTELLES

Pour les dentelles, prenez du fil au paon, les jours et les dentelles sont beaucoup plus clairs et le fil ne s'épaissit pas. Quant aux aiguilles, cassez-les, car vous n'en trouverez pas d'assez courtes ; il faut qu'elles aient de 12 à 14 centimètres. C'est plus facile et moins fatigant de travailler avec des aiguilles courtes. Faites des boules de cire au bout, afin que vos mailles ne coulent pas.

Fig. N° 40. — Jours.

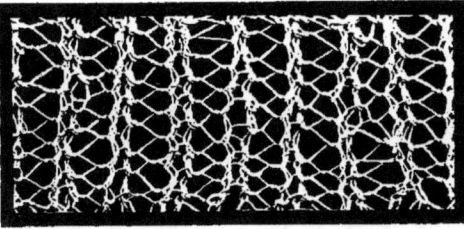

Montez un nombre de mailles divisible par 3. — 1re Aiguille, 1j, 1r, 1u. — 2e Aiguille. 1j, 1r, prendre la maille qui est derrière le jeté 1u. Ce jour change d'aspect en supprimant la maille unie, il est plus clair et imite davantage le tulle.

Fig. N° 41. — Jours Tulle fond double.

Montez un nombre de mailles divisibles par 2. — 1re Aiguille. 1j, 1r. — 2e Aiguille et 3e Aiguille unies.

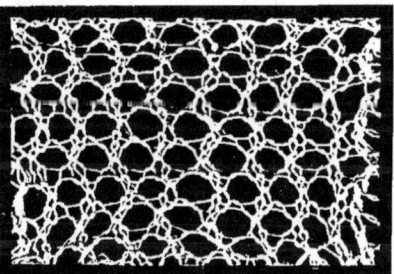

Fig. N° 42. — Jours Abeilles.

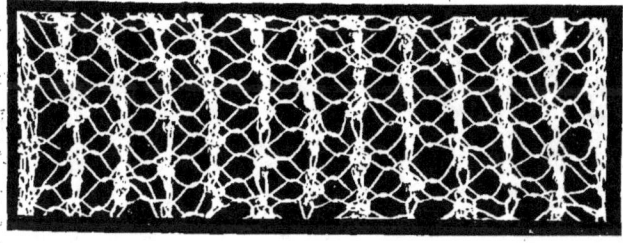

Montez un nombre de mailles divisibles par 5. — 1re Aiguille. 1u, 3àlf, 1u, 1j, 1u, 1j. — 2e Aiguille. 1j. 3u 1j, 3 à 1f. On peut faire ces abeilles par 7 mailles et par 9.

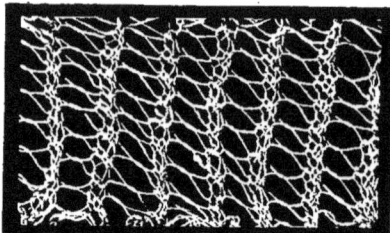

Fig. Nº 43. — Jours Rayure en biais.

Montez un nombre de mailles divisibles par 3. — 1ʳᵉ *Aiguille.* 1j, 1u, 1r. 2ᵉ *Aiguille* u. — 3ᵉ *Aiguille.* 1j, avant le 1ᵉʳ j, 1u, 1r. — 4ᵉ *Aiguille* u. — 5ᵉ *Aiguille*, comme la 3ᵉ.

Fig Nº 44. — Jours.

Ce jour peut faire un joli fond dans de grands ouvrages tel que aubes, rideaux, voiles de fauteuil, montez un nombre de mailles divisibles par 13, ce texte a 2 dessins.

1ʳᵉ *Aiguille.* 1r, 1u, 1j, 1r, 3u. 1r, 1j, 1u, 1r, 1j, 1u, 1j, 1r, 1u, 1j, 1r, 3u, 1r, 1j, 1u, 1r. — 2ᵉ *Aiguille.* 1r, 1u, 1j, 1r, 1u, 1r, 1j, 1u, 1r, 1j, 3u, 1j, 1r, 1u, 1j, 1r, 1u, 1r, 1j, 1u. 1r. — 3ᵉ *Aiguille.* 1r, 1j, 3 à lf., 1j, 1u, 1r, 1j, 5u, 1j, 1r, 1u, 1j, 3 à lf. 1j, 1u, 1r. — 4ᵉ *Aiguille.* 1r, 3u, 1r, 1j, 1u, 1r, 1j, 1u, 1j, 1r, 1u, 1j, 1r, 3u, 1r, 1j. — 5ᵉ *Aiguille.* 1r, 1u, 1r, 1j. 1u, 1r, 1j, 3u, 1j, 1r, 1u, 1j, 1r, 1u, 1r, 1j. 1u, 1r. — 6ᵉ *Aiguille.* 3 àlf., 1j, 1u, 1r, 1j, 5u, 1j, 1r, 1u, 1j, 3 à lf. — 7ᵉ *Aiguille.* 1j, 1u, 1j, 1u. 1r, 1j, 1r, 3u, 1r, 1j, 1u, 1r, 1j, 1u, 1j. — 8ᵉ *Aiguille.* 1j, 3u, 1j, 1r, 1u, 1j, 1r, 1u, 1r, 1j, 1u, 1r, 1j, 3u, 1j. — 9ᵉ *Aiguille.* 1j, 5u, 1j, 1r, 1u, 1j, 3 à lf., 1j, 1u, 1r, 1j, 5u, 1j. — 10ᵉ *Aiguille.* 1j, 1u, 1r, 1j, 1u, 1j, 1r, 1u, 1j, 1r, 3u, 1r, 1j, 1u, 1r, 1j, 1u, 1j, 1r, 1u. — 11ᵉ *Aiguille.*

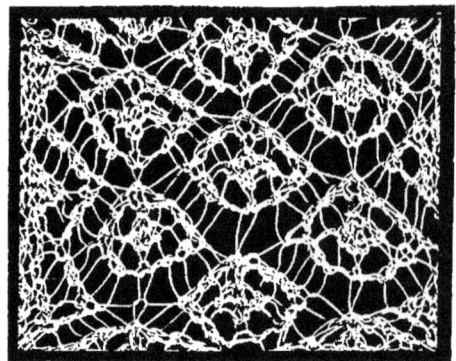

1j, 1u, 1r, 1j, 3u, 1j, 1r, 1u 1j, 1r, 1u, 1r, 1j, 1u, 1r, 1j, 3u, 1j, 1r. — 12ᵉ *Aiguille.* 1j. 1u, 1r, 1j, 5u, 1j, 1r, 1u, 1j. 3àlf. 1j, 1u, 1r, 1j, 5u, 1j, 1r, 1u.

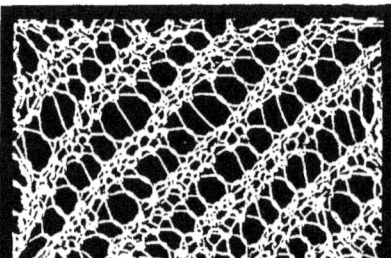

Fig. Nº 45. — Jours, Rayure en biais.

Montez un nombre de mailles divisibles par 4. — 1ʳᵉ *Aiguille.* 1j, 1r, 1u. — 2ᵉ *Aiguille.* Unies. — 3ᵉ *Aiguille.* Lorsque vous avez tricoté le jeté, faites 1j, 1r, 2u. Lorsque vous avez, au commencement de votre jour, 5 mailles, vous faites une rayure. — 4ᵉ *Aiguille*, unie. — 5ᵉ *Aiguille*, comme la 3ᵉ *Aiguille.*

Fig. n° 46. — Jours Pois par 5 Mailles.

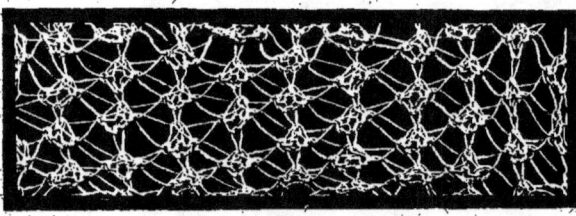

Ce jour est divisible par 6 mailles, mais on peut faire les pois par 7 ou 9 mailles. — 1re *Aiguille*. 1r, 1u, 1r, 1j, 1u, 1j, — 2e *Aiguille*. 1j, 3u, 1j, 3àlf.

Fig. N° 47. — Jours Rayures, Courbées.

Ce jour se fait comme le jour fig. n° 45, mais après 16 aiguilles pour courber le jour, vous tricotez 1re *Aiguille*, 2u, 1r, 1j. — 2e *Aiguille*, unie. — 3e *Aiguille*, tricotez le j. 1u, 1r, 1j.

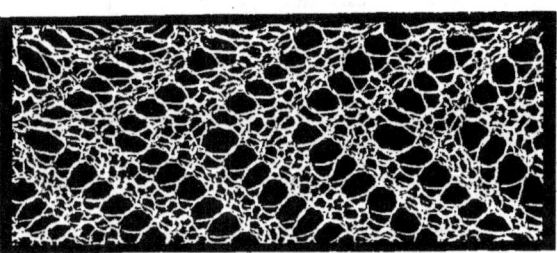

Fig. N° 48. — Jours.

Montez un nombre de mailles divisibles par 6. — 1re *Aiguille*. 3u, fer3m, — 2e *Aiguille*. 1j, 3u. — 3e *Aiguille*. 3u, 3m, dans le jeté. — 4e *Aiguille* u. — 5e *Aiguille* u, — 6e *Aiguille*. fer. 3m, 3u. — 7e *Aiguille*. 3u, 1j. — 8e *Aiguille*. 3m, dans le jeté, 3u. — 9e et 10e *Aiguille*, u. recommencez à la 1re *Aiguille*.

Fig. N° 49. — Dentelle pour Lingerie.

Montez 13 mailles. 1re *Aiguille*. 1j, 1r, 6 u, 1r, 1j, 1r, 1u. — 2e *Aiguille*. 1j, 1r, 6u, 1j, 1r, 2u. — 3e *Aiguille*. 1j. 1r, 5u, 1r, 1j, 1u, 1j, 2u. — 4e *Aiguille*. 1j, 1r, 7u, 1j, 1r, 2u. — 5e *Aiguille*. 1j, 1r, 4u, 1r, 1j, 3u, 1j, 2u. — 6e *Aiguille*. 1j, 1r, 8u, 1j, 1r, 2u. — 7e *Aiguille*. 1j, 1r, 3u, 1r, 1j, 5u, 1j, 2u. — 8e *Aiguille*. 1j. 1r, 9u, 1j, 1r, 2u. — 9e *Aiguille*. 1j, 1r, 4u, 1j, 7u, 1j, 2u. — 10e *Aiguille*. 1j, 1r, 11u, 1j, 1r, 1u. — 11e *Aiguille*. 1 j, 1r, 4u, 1j, 1r, 2u, 1j, rab. 1 m., 1u, 1r, 1j, 2u. — 12e *Aiguille*. 1j, 1r, 11u, 1j, 1r, 2u. — 13e *Aiguille*. 1j, 1r, 5u, 1j, 1r, 3u, 1r, 1j, 1r, 1u. — 14e *Aiguille*. 1j, 1r, 10u, 1j, 1r, 2u. — 15e *Aiguille*. 1j, 1r, 6u, 1j, ir, 1u, 1r, 1j, 1u. — 16e *Aiguille*

1j, 1r, 9u, 1j, 1r, 2u. — 17ᵉ *Aiguille.*
1j, 1r, 7u, 1j,
3àlf, 1j, 1r,
1u. — 18ᵉ
Aiguille. 1j,
1r, 8u, 1j,
1r, 2u. — 19ᵉ
Aiguille. 1j,
1r, 4u, 1j, rab
1m, 1u, rab
1m, 1j, 1r,
1u. — 20ᵉ *Aiguille.* 1j, 1r,
7u, 1j, 1r, 2u.

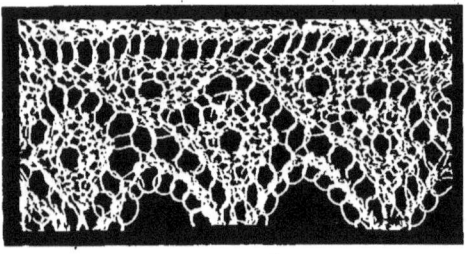

vant, nous apprendrons le fil simple, cela se fait aussi avec la laine dont vous avez un modèle fig. 28. Cette façon de faire, donne un travail plus clair avec le fil et beaucoup plus léger avec la laine. Lorsque vous saurez bien ce livre, vous aurez déjà beaucoup appris.

Il y a deux manières de faire les dentelles à fils croisés, c'est ce que vous venez d'apprendre. Dans le livre suivant

Fig. N° 50. — Petit Sachet.

Pour chapelet, médaille ou insigne, il est très pratique, fil Perlé L. V. Aiguille n° 11.

Montez 25 mailles avec 2 fils et 1 ai-

guille, tricotez 4 aiguilles toujours à l'endroit et fermez.

Ici, votre travail est cylindrique, il vous faut 4 aiguilles. Faites une boucle coulante (lire à la suite, fig. n° 51),

montez 9 mailles sur chaque aiguille. Tricotez toujours 1 tour à l'endroit, 1 tour à l'envers. Lorsque vous êtes au 4ᵉ tour à l'endroit, augmentez de 5 mailles par aiguille, lorsque ce tour est terminé, faites encore 1 tour à l'endroit (si vous voulez vous servir de 2 fils, changez le fil, mais ne cassez pas le premier, tricotez 3 tours à l'envers, mais il faut toujours tricoter, d'abord un tour à l'endroit chaque fois que vous changez de couleur) reprenez votre 1er fil, tricotez 1 tour à l'endroit. Votre tour terminé, ajoutez à la 1re aiguille, 9 mailles. (Votre ouvrage n'est plus cylindrique). Tricotez les 3 aiguilles et retournez votre ouvrage, il ne faut pas tricoter les lisières, tricotez toujours à l'endroit, faites 4 rangs au 5e rang, tricotez 9 mailles et prenez la poignée que vous tricotez avec votre sachet sur 4 mailles, tricotez 13 rangs, au 14e lorsqu'il vous reste 2 mailles, faites 2 jetés et les 2 mailles, tricotez 2 rangs, au 3e, fermez 2 mailles en commençant, lorsque vous avez tricoté depuis la poignée 30 rangs ou aiguilles, car lorsque vous ne pouvez vous servir que de 2 aiguilles, il faut le faire, c'est moins encombrant, tricotez à la 31e aiguille, 9 mailles et prenez la poignée avec le sachet, tricotes 3 rangs, fermez 9 mailles. Ici, votre ouvrage devient cylindrique. Remontez ou tricotez avec les 4 aiguilles, tricotez la dernière maille avec la 1re maille, afin de bien fermer ce tour. Changez de fil, tricotez 1 tour à l'endroit, 3 tours à l'envers, changez de couleur, 1 tour à l'endroit. A ce tour, il faut rétrécir de 5 mailles par aiguille et tricotez 1 tour à l'envers, 1 tour à l'endroit. Lorsque vous avez fait 4 tours à l'endroit, cassez le fil assez long pour arrêter ce côté. Vous passez le fil (que vous avez enfilé dans une aiguille) dans chaque maille, vous serrez de manière que votre travail reste plat et votre côté oval.

Votre sachet a la forme d'une petite valise; pour le fermer, cousez une agrafe en face des 2 jetés qui ont été faits pour faire boutonnière. Vous faites passer le bec seulement à l'endroit.

Fig. N° 51. — Nœud Coulant.

Prenez 1 fil, prenez-le de chaque main faites une boucle en mettant le fil que vous venez de faire et tirez le fil de la main droite, le fil de la main

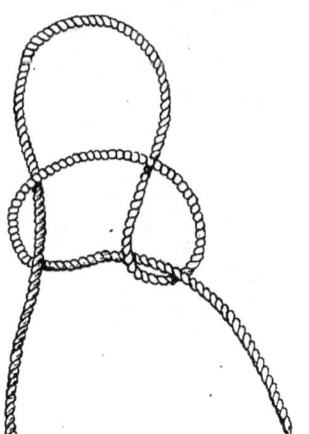

que vous tenez de la main gauche, sur celui de la droite, passez fil gauche en forme de boucle, en dessous de celle gauche doit couler c'est sur la partie qui ne coule pas qu'il faut travailler.

Fig. N° 52. — Cravate.

Prenez du fil Luciole bleu et blanc L. V. Ce fil qui est fait pour broder imite la soie, il fait très bon effet dans les ouvrages tricotés. Nous ferons cette cravate en long.

Montez 336 mailles. — Pour ce travail il faut prendre des aiguilles assez longues, elles se nomment aiguilles du Nord, elles ont de 28 à 30 centimètres de longueur et portent le n° 12 comme grosseur. Il faut monter ce travail avec 2 fils blancs et 1 aiguille. Vous tricotez toujours à l'endroit des deux côtés.

Tricotez 90 mailles et retournez votre ouvrage, tricotez toute l'aiguille en revenant, tricotez 55 mailles, retournez l'ouvrage, à la fin de l'aiguille, changez de couleur, tricotez 2 aiguilles. (Il faut changer de couleur toujours du même côté). Changez de couleur, tricotez 60 mailles, retournez l'ouvrage, chaque fois que vous retournez l'ouvrage il faut tricoter ce que vous venez de faire. — 2° *Aiguille.* 65. — 3° *Aiguille.* 70. — 4° *Aiguille.* 75. — 5° *Aiguille.* 80. — L'aiguille suivante tout entière. De ce côté tricotez : 1° *Aiguille.* 95 mailles, retournez l'ouvrage. — 2° *Aiguille.* 100. — 3° *Aiguille* 105. 4°

Aiguille. 110. — 5e *Aiguille*. 115 mailles, lorsque vous avez terminé l'aiguille, changez de couleur. Tricotez 1re *Aiguille*. Tricotez 115 mailles, retournez l'ouvrage. — 2e *Aiguille*. 110. — 3e *Aiguille*. 105. — 4e *Aiguille*. 100. — 5e *Aiguille*. 95. — Faites l'aiguille suivante entière. — 1re *Aiguille*. 80 mailles, retournez l'ouvrage. — 2e *Aiguille*. 75. — 3e *Aiguille*. 70. — 4e *Aiguille*. 65. — 5e *Aiguille*. 60. — Changez de couleur, tricotez 2 aiguilles, changez de couleur, tricotez 55 mailles, retournez l'ouvrage, tricotez l'aiguille entière, tricotez 90 mailles, retournez l'ouvrage, fermez.

Fig. N° 53. — Cravate au Crochet.

Fil broderie parisienne, crochet n° 2 ou 3, la pointe prise à la filière, ce genre de fil fait très bon effet, il imite très bien le ruban moiré.

Faites 1 chaînette 22 points, il faut qu'il y ait 20 barrettes, cela vous donne 5 centimètres. Lorsque vous avez fait 17 centimètres de long, diminuez 8

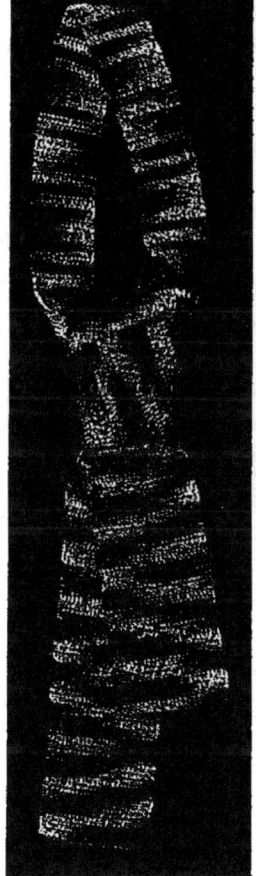

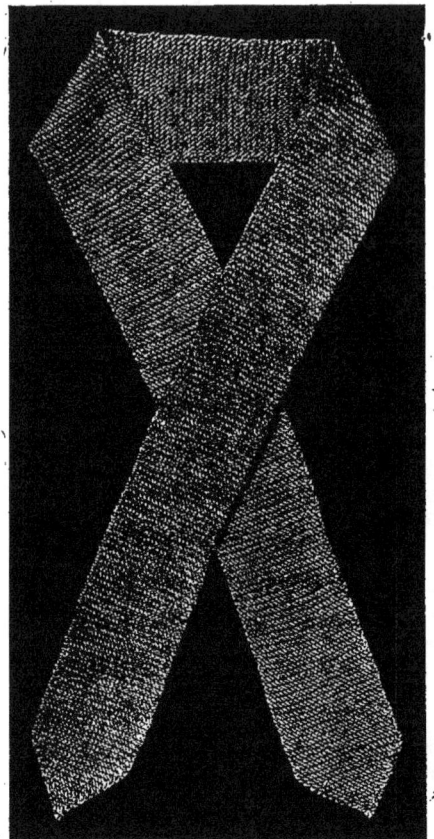

barrettes dans 8 centimètres de long, faites 38, 40, ou 42 centimètres, augmentez les barrettes que vous avez diminuées dans 6 centimètres de long et faites 26 à 30 centimètres, fermez.

Ces cravates doivent avoir 95 centimètres à 1 mètre.

Fig. N° 54. — Ceinture Tricotée.

Fil météore perle n° 5, aiguilles n° 12. Vous prenez la teinte allant à votre corsage, ce qui est plus élégant que la ceinture noire qui raccourcit la taille.

Il faut tricoter les lisières et faire des mailles tordues. Vous commencez par 2 mailles, augmentez 1 maille au milieu des 2 mailles et l'aiguille suivante sans augmentation, puis vous augmentez de 2 mailles à l'aiguille suivante, ce que vous faites toutes les 2 aiguilles, jusqu'à ce que vous ayez la hauteur que vous désirez. Ce modèle a 27 mailles et donne 5 centimètres et demi. Vous tricotez la longueur que vous voulez et vous fermez en diminuant comme vous avez augmenté.

Fig. N° 55. — Polo.

Prenez du fil L. V. de deux couleurs et des aiguilles n° 7.

Monter 205 mailles. — Avec ce nombre de mailles vous obtenez 46 centimètres d'entrée. Il faut monter cet ouvrage avec 2 aiguilles et 1 fil. Il vous faut 5 aiguilles. Tricotez 10 tours blancs, changez de couleur, 1 tour à l'endroit, 3 tours à l'envers.

Prenez le fil blanc, faites 7 tours, au 8e tour prenez le bord de votre travail et tricotez-le avec le tour que vous allez faire, puis vous tricotez 4 tours blancs, chaque fois que vous changez de couleur, le 1er tour doit être à l'endroit, puis 1 tour à l'envers, faites 2 tours à l'endroit avec le fil blanc, 1 tour à l'endroit avec le fil bleu, 1 tour à l'envers, 8 tours à l'endroit, 1 tour à l'envers. Avec le fil blanc, faites 11 tours, changez de couleur, 1 tour à l'endroit, 3 tours à l'envers, au 4e tour il faut rétrécir 5 mailles par aiguille, tricotez 4 tours blancs, au 5e tour rétrécissez 5 mailles par aiguille, 1 tour blanc, 1 tour bleu à l'endroit, 1 tour à l'envers, 1 tour blanc, au 2e tour, rétrécissez 5 mailles par aiguille, 1 tour bleu à l'endroit, 1 tour à l'envers, 1 tour à l'endroit, au 4e tour rétrécissez 5 mailles par aiguille, 5 tours bleus, au 6e tour rétrécissez 5 mailles par aiguille, 1 tour bleu à l'envers, 1 tour blanc. Si vous voulez le polo rond, tour jusqu'à ce qu'il vous reste 7 mailles de chaque côté que vous fermez en remmaillant avec 1 aiguille à coudre. Le milieu du polo est bombé, si vous le voulez plat il faut prendre 2 mailles sur le polo et 1 maille sur la fermeture toutes les 4 fois que vous fermez, c'est-à-dire toutes les 8 aiguilles.

fermez-le avec le fil blanc en faisant des rétrécis comme vous venez de le faire. Si vous le voulez ovale prenez 7 mailles, retournez votre ouvrage chaque fois, vous prenez 1 maille sur les autres aiguilles jusqu'à ce que vous ayez 25 mailles. Lorsque vous avez 25 mailles, vous terminez votre aiguille en prenant la dernière et la première maille ensemble jusqu'à ce qu'il vous reste 25 mailles, alors vous prenez 2 mailles sur le fond et 1 maille sur le

Ce travail serait plus brillant, fait avec du fil Luciole L. V. mais il serait plus mou.

Prenez de la mousseline raide pour le tenir ferme et doublez-le avec de la soie.

Si vous le voulez plus grand augmentez le nombre de mailles, ou s'il est trop grand diminuez-en le nombre ; 9 mailles vous donnent 2 centimètres de large, le reste du travail se fait de même.

Fig. N° 56. — Panier à Ouvrage forme Valise.

Courroie du panier. — Montez *8 mailles* et tricotez 184 aiguilles. Voir la fin.

Poignée du panier. — Montez *8 mailles* et tricotez 120 aiguilles.

PANIER, FIL L. V. PERLÉ, AIGUILLE N° 14 FIL BLANC ET ROSE.

Faites une boucle coulante, montez sur chaque aiguille 14 mailles, cela fait 42 mailles sur les 3 aiguilles. Tricotez 1 tour à l'endroit, 1 tour à l'envers, il faut 8 tours de chaque, au 8e tour à l'endroit, augmentez de 10 mailles par aiguille, changez de couleur, faites 1 tour rose à l'endroit et 4 à l'envers, 1 à l'endroit, changez de couleur, ajoutez à la 1re *Aiguille* 15 mailles et tricotez à l'endroit à la fin du tour, votre ouvrage n'est plus cylindrique, retournez votre ouvrage et à l'endroit. Il ne faut pas tricoter la lisière mais celle où vous avez ajouté des mailles, il faut tricoter 2 mailles unies, 2 jetés, et le reste uni, 2e tour uni, 3e tour uni, 4e tour uni, 5e tour, fermez 2 mailles, cela fait une dent. Lorsque vous avez 3 dents de faites à la 4e, 2 mailles à l'endroit, diminuant de chaque côté 1 maille, puis le tour suivant uni, le 3e vous diminuez, le 4e tour uni, le 5e tour vous prenez les 3 mailles ensemble.

Cousez 3 agrafes dont le bec seul ressort à l'endroit 1 de chaque bout, à la 2e dent et 1 au milieu sur la courroie faites 3 jolis nœuds de satin

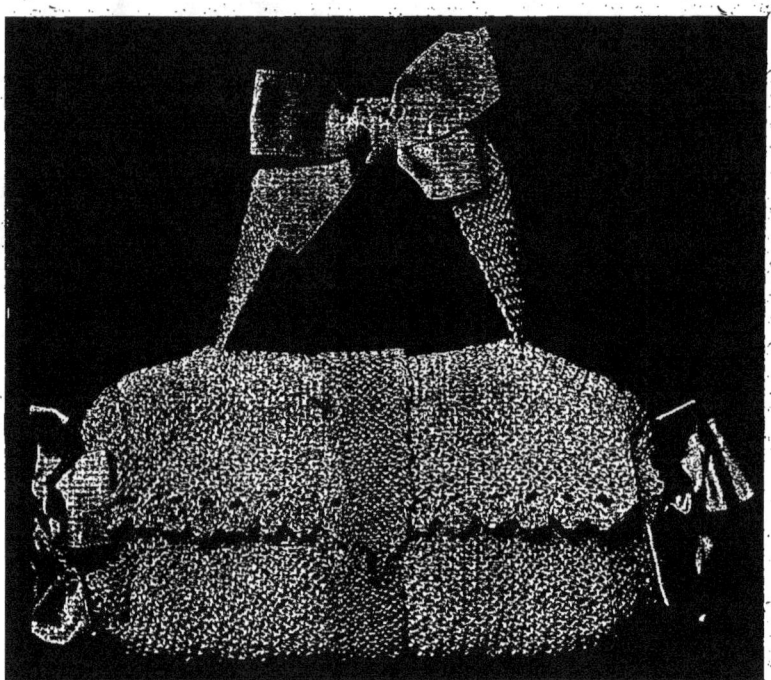

2 jetés, 13 mailles à l'endroit et prenez la poignée avec votre petit panier. Vous faites de même à la fin de la 12e dent et après vous faites encore 3 dents. Vous fermez les 15 mailles que vous avez ajoutées et vous reprenez vos 3 aiguilles et changez de fil, tricotez 1 aiguille à l'endroit, 4 aiguilles à l'envers, 1 aiguille à l'endroit, changez de fil dans ce tour qui est à l'endroit, vous faites 10 rétrécis par aiguille, et vous tricotez 7 tours à l'envers et 7 à l'endroit et vous fermez comme la pochette.

Vous terminez votre courroie en rose, mettez-en 1 au milieu de la poignée et 1 de chaque bout.

Si vous voulez avoir votre panier ferme, coupez du carton de la dimension des 3 parties qui forment votre panier, vous les doublez avec du satin pareil au ruban et vous cousez le milieu au tour de vos côtés, mais pas tout le tour vous laissez 3 ou 4 centimètres dans le haut qui le rabat ferme en retombant.

Votre panier devient peut-être plus élégant, mais il est moins pratique, parce que le tricot s'étendant à cause de sa souplesse, vous mettez beaucoup plus de choses dans un panier qui n'est pas doublé.

Mademoiselle Baillaud donne des leçons de tricot chez elle, *3, rue Rateau*, ou à domicile, elle envoie des échantillons des travaux contenus dans ce livre au prix de 1 franc.

TABLE DES MATIÈRES

Préface 1
Avant-propos 2
Explication des abréviations 5
Comment monter un ouvrage 7
Deuxième méthode pour monter un ouvrage 8
Mailles à l'endroit 9
    — à l'endroit et à l'envers 10
    — à l'envers 11
Côtes simples 12
    — tordues 13
    — tatanou 13
    — fleuries 14
Grosses côtes 15
Côtes transparentes 15
Tricots doubles 15
Nids de mouche 15
    — d'abeille 16
Tricot de laine nattée 16
Poignets pour enfant de 4 à 5 ans 17
Mitaines pour fillette de 12 à 14 ans 18
Chaussons 19
Brassières tricotées pour enfant de 6 mois 20
Pompon pour remplacer les rubans 22
Petite dentelle de laine 23
Travail cylindrique 24
Chaussettes d'enfant 25
Poignets laine à côtes pour petite femme 26
Chaussettes pour homme 26
Bas 27
Tricot à jour tricoté 27
    — de laine à jour 28
    — épais pour couverture 29
    — de laine à jour 31
    — boules 31

Chaussons quadrillés tricotés... 32
— tricotés nid d'abeille.. 33
— avec deux teintes de laine.. 34
Semelles pour intérieur de chaussures..................................... 35
Chausson de nuit pour grande personne................................... 36
Mitaines pour femme.. 38
Bas d'enfant.. 39
Brassière première taille, crochet, premier âge........................... 40
— deuxième taille, chaînette 45 points............................ 41
— tricotée.. 41
— — pour enfant de 2 à 3 ans, laine en pente, 3 fils, aiguille n° 20. 41
Petit pantalon remplaçant les couches anglaises........................... 45

JOURS ET DENTELLES.

Jours... 47
— tulle fond double... 47
— abeille... 47
— rayure en biais.. 48
Jours... 48
— pois par 5 mailles.. 49
— rayures courbées... 49
Jours... 49
Dentelle pour lingerie... 49
Petit sachet.. 50
Nœuds coulants... 51
Cravate.. 52
— au crochet... 53
Ceinture tricotée... 54
Polo... 54
Panier à ouvrage forme valise.. 55

CORBEIL. — IMPRIMERIE ÉD. CRÉTÉ.

www.ingramcontent.com/pod-product-compliance
Lightning Source LLC
LaVergne TN
LVHW021735080426
835510LV00010B/1272